歴史文化ライブラリー

117

スカルノ

インドネシア「建国の父」と日本

後藤乾一
山﨑　功

吉川弘文館

原則として、初版で掲載した口絵は割愛しております。

目次

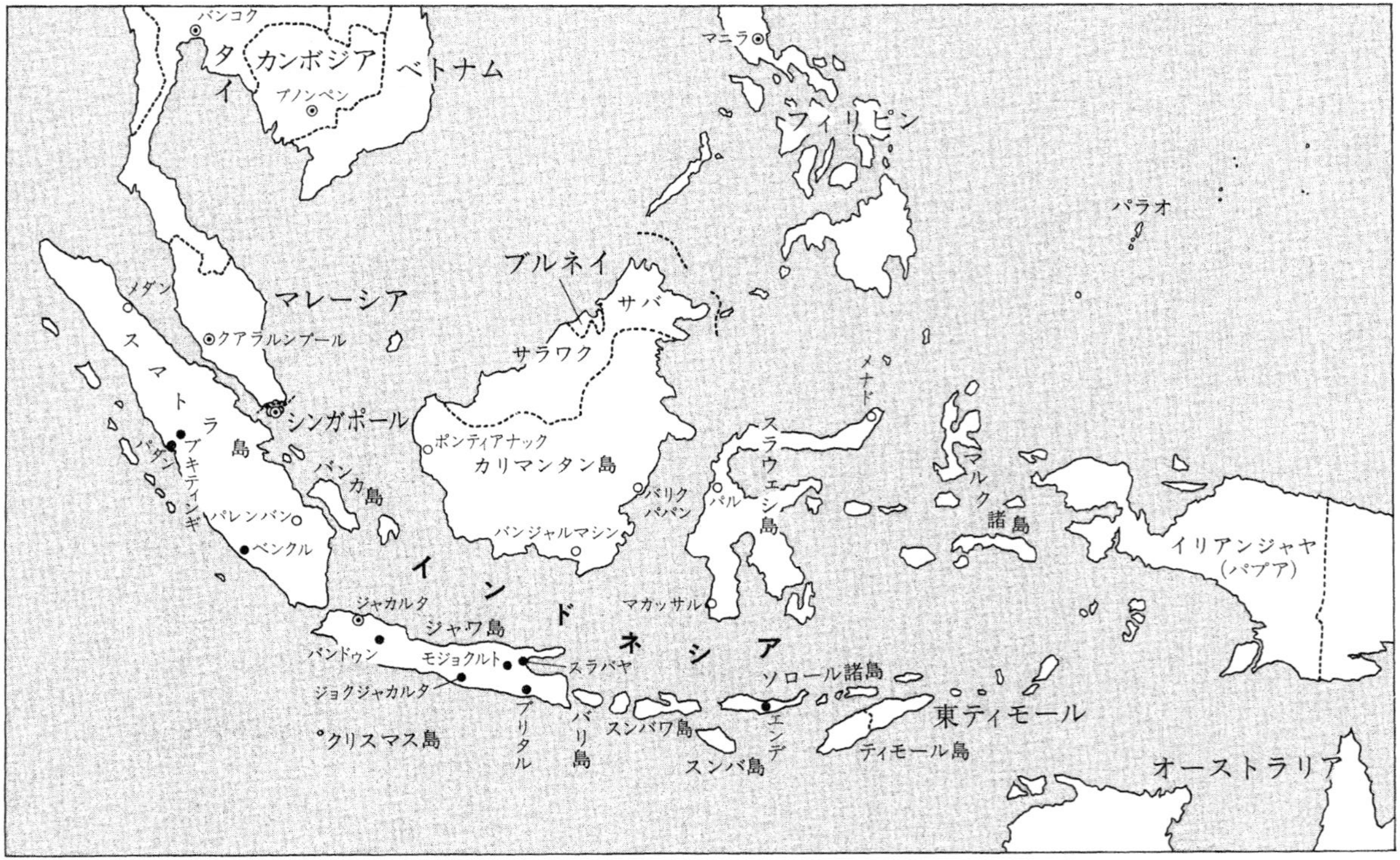

インドネシア周辺図　●印はスカルノとの関係が深い場所

現代史のなかのスカルノ

スカルノ生誕一〇〇周年

新世紀幕あけの二〇〇一年は、インドネシア共和国の初代大統領＝「建国の父」スカルノ（一九〇一〜七〇年）の生誕一〇〇周年にあたる。黎明期の民族主義運動を嚮導《きょうどう》し、「インドネシア」という国民国家の創出に指導的な役割を果たしたスカルノの名は、晩年の悲劇的な境涯、あるいはさまざまなスキャンダルにもかかわらず、没後三〇年余を経た今日なお、インドネシア現代史上に屹立《きつりつ》した地位を占めている。

他方、独立後半世紀余をむかえる今日のインドネシアは、「統一と団結」を悲願としたスカルノの想いとは裏腹に、国家統合をめぐる深刻な危機に直面している。「多様性の中の統一」を国是に「サバン（スマトラ北端アチェ）からメラウケ（イリアンジャヤ、現パプア）まで」を包摂する統合された群島国家というスカルノの理想にもかかわらず、第四代大統領アブドゥルラフマン・ワヒド（一九九九年一〇月就任）下のインドネシアでは、民主化が進む一方、アチェおよびパプアを中心に分離独立を求めるエスノ・ナショナリズムが各地で急激に高揚している。

とりわけ旧宗主国オランダとの間で最終的帰属をめぐり十数年間紛糾した歴史をもつパプアの動向は、そこに「大国」インドネシアによる「第三世界コロニアリズム」という要因もひそむため、重要な意味を有している。この「パプア問題」の考察は本書の意図するところではないが、ここでは、かつて「西イリアン奪回」が実現するまで「革命いまだ終わらず」と宣したスカルノの政治思想、ひいてはインドネシアのナショナリズムを再検討する上で、座視し得ない問題が内包されているということを指摘するにとどめたい。

「第三世界」の指導者スカルノ

〝風雲児〟スカルノが駆け抜いた二〇世紀という時代は、巨視的にみるならば「戦争と革命」の世紀と約言されるが、それは同時に欧米キリスト教諸国による世界的規模の帝国主義・植民地主義に対する有色諸民族の抵抗の時代でもあった。その意味で、第二次世界大戦終結一〇年後の一九五五年四月、インドネシアのバンドゥンで開催された第一回アジア・アフリカ会議（バンドゥン会議）は、本書でも触れるように世界史の一画期をしるす重要な出来事であった。そしてこのバンドゥン会議は、スカルノが「（インドネシア）人民の声の代弁者」から「第三世界の指導者」としてインドのネルー、中国の周恩来、エジプトのナセルらの巨星とともに国際政治の檜舞台に踊り出る跳躍台となった。

バンドゥン会議を機に第三世界を代表する政治指導者として国際的に知られるようになったスカルノについては、巻末の参考文献にみるように各国で数多くの研究書や評伝が出版されてきた。またインドネシアにおいては、一九九八年五月の「スハルト体制」崩壊後の急速な民主化のなかで、過去三〇年間真正面から論じることが注意深く避けられてきたスカルノについて、多面的な角度からの再検討が始められている。こうした内外の先行業績をふまえつつ本書は、人間スカルノの七〇年の生涯を日本との関わりを手がかりに跡付けたものである。換言すれば二〇世紀日本・インドネシア関係史を、スカルノを通して素描せんとしたささやかな試みでもある。

青年スカルノ

6　オランダ領東インド

帝国日本とアジア世界

一九世紀末から一九四五年までほぼ半世紀の間に、日本は四つの大きな戦争を経験した。そのことは同時に、三つの「戦間期」と呼びうる時代をもったことを意味した。日清戦争（一八九四～九五年）と日露戦争（一九〇四～〇五年）の間の第一次戦間期は、二〇世紀前半の日本の歩みを方向づけるうえできわめて重要な時期であった。

伝統的な東アジア国際関係体系から離脱した日本は、社会進化論的な弱肉強食の論理をもとにする西欧国際体系に、アジアで唯一強者として参入することになる。いわば脱亜入欧の道に入った日本にとって、二〇世紀初頭の中国（清国）で発生した排外的な民族主義を唱える義和団運動を、欧米列強の先陣をきって鎮圧したことは、その後の日本の対外関係とくに近隣アジアとの関係を基本的に規定することになった。この日本の義和団事件への積極的な関与は、その四年前列強の中国干渉に遅れをとるなと警告し、「わが権益と利益を十分に獲得する」よう時の外相大隈重信に訴えた駐仏公使栗野慎一郎の進言（入江昭『日本の外交』）を具体化した形となった。換言すれば、明治期外交の中心人物の一人井上馨《かおる》が悲願とした「欧州的一新帝国を東洋の表に造出するにあるのみ」との〝夢〟が、まさに世紀転換期に実現されたのであった。

そしてその翌年一九〇二年、当時の超大国イギリスとの間に日英同盟が締結されたことは、「名実共に世界強国の列に入りたるを思へば、或いは恍然《こうぜん》夢の如き感なきに非《あら》ずといへども、夢か夢にあらず」（『時事新報』一九〇二年二月一四日）といった感無量の思いを多くの日本人に抱かせることになった。

他方、日本がアジア世界から抜け出し帝国主義パワーの一員になりつつあったにもかかわらず――ある意味ではそれがゆえに――近隣アジアの知識人・民族主義者の間には、日本を自国の改革のモデルとみなす考え方も登場してきた。古くは一八八〇年代の朝鮮における金玉均《キムオクキュン》、朴泳孝《パクヨンヒョ》らによる甲申《こうしん》政変、そして一九世紀末の中国における戊戌《ぼじゅつ》政変、あるいは二〇世紀に入り急激に高揚する中国青年の日本留学熱などが、その代表的な事例であった。

しかしながら、ベトナムを除く南方（東南アジア）ではこのような日本への政治的関心の高まりや、それを契機とする具体的な渡日は、ほとんどみられなかった。フランスの植民地に組み入れられたとはいえ（一八八七年仏領インドシナ連邦成立）、当時のベトナムでは十数世紀におよぶ中国文化の影響により今なお漢字を通じ日本人と意思疎通が可能な一群の知識人が存在した。その典型が日露戦争の直後に来日し、反仏抵抗運動「東遊《とうゆう》運動」を日本で展開することになる潘佩珠《ファン・ボイ・チャウ》であった（白石昌也『ベトナム民族運動と日本・アジア』）。

潘佩珠は日本に大きな期待を寄せつつ大隈重信や犬養毅《いぬかいつよし》、あるいは梁啓超《りょうけいちょう》ら中国人亡命政客と接触しベトナム解放の方途を模索した。しかしながら彼は、一九〇七年に日仏協約を結んだ日本がフランスの求めに応じ在日ベトナム人留学生の政治活動を圧迫するのを見、一九〇九年三月に新たな活動拠点を求め中国へ向かう。日本を去るにあたり潘佩珠は、小村寿太郎《じゅたろう》外相に「日本は欧州、白色人種に迎合し、亜州黄色人種を圧政した」と語気鋭い抗議文を送った。これが、「東風一陣、人をしてきわめて爽快の想にあらしめた一事件……日露戦役は実に私達の頭脳に、一新世界を開かしめた」との期待を抱いて渡日した潘佩珠と日本との決別となった（『ヴェトナム亡国記』）。

「少年の日の苦痛」

やや導入が長くなったが、本書の主人公スカルノがオランダの植民地蘭領《らんりょう》東インド（蘭印《らんいん》、現インドネシア）東ジャワの州都スラバヤに生まれたのは、二〇世紀が幕あけした直後、一九〇一年六月六日夜明け時のことであった。それは上述したように後に彼が深い関わりを持つことになる日本が、アジアの強国として興隆しつつあった第一次戦間期のさなかであった。

スカルノの父スケミ・ソスロディハルジョはラデンの貴族称号をもつジャワの下級貴族《プリヤイ》出身で、当時蘭印第二の大都市スラバヤの「原住民小学校」教師であった。母イダユ・ニョマン・ライはバリ島北部シンガラジャ出身のバリ人貴族であった。スラバヤで六歳までを過ごした才気煥発な少年スカルノは、父の転勤により同市の西南約四〇キロにある小都市モジョクルトに移り、そこで一五歳までの時を過ごす。モジョクルトは一四世紀後半最盛期を迎えたマジャパヒト王国の中心地として栄え、またオランダ植民地時代はジャワ最大の糖業地帯として開発された、小さいながらも重要な地方都市であり、砂糖プランテーション関係のオランダ人も多数居住していた。

教育熱心な父の意思でスカルノは、オランダ語を教授用語とするヨーロッパ人小学校に編入し、卒業と同時に再びスラバヤに戻り五年制高等市民学校で学ぶ。スラバヤでのスカルノは、父の友人で当時イスラム同盟（一九一二年結成）の党首として民族主義運動の第一人者であったH・O・S・チョクロアミノトの家に寄宿し、彼そしてそこに出入りする若い活動家の影響で政治の世界への関心に目覚めてゆく。

その後スカルノは一九二一年、新設されたばかりのバンドゥン工科大学に入学するが、こうした青少年期の教育背景は、当時の植民地蘭領東インドの「原住民社会」にあっては最高のエリートコースであった（表1参照）。

表1　オランダ語学校における「原住民」教育

（単位：人）

	小学校	中学校	高　校	大　学
1915年まで	951	8	4	0
1925年 〃	3,767	354	32	4
1935年 〃	6,431	995	204	14
1939年 〃	7,349	1,012	204	40

注　増田与『インドネシア現代史』（中央公論社，1971年）より引用．

このようにスカルノは、当時の植民地社会のなかでは相対的に恵まれた少年時代を送ったといえるにもかかわらず、後年権力の座につくといかに自分たち一家が赤貧洗うがごとき生活を送ったかを強調するようになる。「終身大統領」として権力の絶頂にあった一九六三・六四年、アメリカ人女性記者シンディ・アダムスがスカルノとの面談をもとにまとめた『スカルノ自伝』（以下『自伝』）をみてみよう。その第三章は「少年の日の苦痛」（ちなみに第一章は「黎明の児」）と題され、次のように述べられている。

……私は貧乏に生まれて貧乏に育った。私は水道の水を浴びたことはなかったし、フォークやスプーンも知らなかった。そんな極端な窮乏は、小さな胸を傷つけずにはおかなかった。……われわれはたいそう貧しかったので、一日一度、お米を食べられるか食べられないかがやっとで、たいがいはとうもろこしのつぶしたのや、雑穀を食べていた。

栄華を極めた権力者が自らの足跡を語るとき、その原点としての少年時代を薄幸の時代として強調することは、古今東西を問わずしばしば見受けられる現象である。スカルノの場合もその典型であった。もう一つの例を紹介しよう。

スカルノは一九五八年二月一四日、東京でアジア各国の留学生を交えた大勢の青年を前に「歴史におけるアジア」という格調高い講演を行った（『世界』五八年五月号）。その戦後初訪日に先立つ一月二〇日には、六年余つづいた交渉が妥結し日本・インドネシア間に平和条約と賠償協定が調印され、本格的な交流に向けての第一歩がしるされていた。その余韻が残るなかでのスカルノの演説は、バンドゥン会議（一九五五年四月）を成功に導いた第三世界のリーダーとしての自信にみなぎり、熱っぽくアジアの時代の到来を謳いあげるものであった。その講演のなかでスカルノは、少年時代を振り返りつつ「私は極貧の両親のもとに生まれた。父は小さな学校の校長で、大変貧乏だった。母は米を買う勇気すらなく、もみを買った……私は非常に貧しい少年だった」と強調する。

このようにスカルノのなかに刷り込まれた「極貧の少年時代」という自己イメージは、彼と同時代に生きた民族主義者と比較するとどうであろうか。一九〇二年八月、西スマトラの風光明媚な高原都市ブキティンギに生まれた後の初代副大統領モハマッド・ハッタも、スカルノと同じく少年時代からオランダ人学校で学ぶ機を与えられた数少ないエリートの卵であった。ハッタはその回想録のなかで「二階建ての家はかなり広々としていて、同じ屋内に住む家事使用人の場所も十分あった」という物質的に恵まれた状況下、イスラム信仰の篤いミナンカバウ人社会のなかでの少年時代を充ち足りた思いで振り返っている（『ハッタ回想録』）。

また西部ジャワ、スンダ人社会の貴族の子としてスカルノより二年早い一八九九年五月生まれのイワ・クスマ・スマントリ（初代社会相、のち国防相・高等教育相等を歴任）は、緑深いプリアンガン地方での幼少期を「少年時代のむせかえるような幸福感と自由を与えてくれた世界」として描写している（『インドネシア民族主義の源流』）。

初期日本人社会の形成

「黎明の児」スカルノが誕生した二〇世紀最初の年は、蘭領東インドにおいて倫理政策と呼ばれた新たな植民地政策が提唱された年であった。この年オランダのウィルヘルミナ女王（在位一八九八～一九四八年）は、議会開院式でオランダは東インドの住民に対し「倫理的義務と道徳的責任」を負うと述べ、キリスト教布教、権力分散および住民の福祉向上を柱とする〝進歩的〟な植民政策を打ち出した。いうまでもなくヨーロッパ＝白人世界のキリスト教文明の絶対的優位を前提とした上からの、そして外からの近代化政策であった。

倫理政策の提唱者たちの文明観は、そのイデオローグともいうべきC・T・ファン・デフェンテルの「我々が達成しようとする目標の何と美しいことだろう！　遠い東方の彼の地で、オランダの勢力のおかげで繁栄と高い文化を手に入れ感謝の念を抱いてそれを認める民族の社会が形づくられるのだ……」という言葉に凝縮されている（スロト『民族意識の母―カルティニ伝』）。スカルノやハッタ、あるいはイワ・クスマ・スマントリといった後の知的エリートが学ぶことになったオランダ人学校に多くの「原住民」子弟が入学するようになるのも、こうした倫理政策的な考え方を背景にしてのことであった。

オランダ本国政府そして蘭印植民地政府は、倫理政策を通じヨーロッパ的教育の恩典に浴せしめた「原住民」の上層子弟に、植民地社会を下支えする〝人材〟を求めようとしたのだった。とくに今世紀初め、スマトラ北端アチェにおける抗蘭抵抗（アチェ戦争）を鎮圧し、蘭領東インド全域に中央集権的な植民地体制を築いたオランダは、行政・経済・教育・医療・衛生等あらゆる分野において一定の知識や技術を修得した「原住民」エリート層の育成を急務としていた。しかしながら一九二〇年代に入るとオランダが期待した若き群像のなかから、スカルノに象徴されるようなオランダ植民地支配を根底から否認する民族主義者＝鬼っ子が相次いで登場することになる。

スカルノは二〇歳のとき西ジャワの中心、スンダ人社会の母なる都バンドゥンの工科大学に入学するまでスラバヤを都とする東ジャワで人間形成を行う。東ジャワは一九世紀以降砂糖やコーヒーなどの熱帯農産物の大生産地として開発され、スラバヤはこれら物産の輸出を主とする商工都市、そしてスラウェシ、カリマンタン、マルク諸島等を結ぶ国内海運網の拠点として殷賑《いんしん》を極めた都市であった。

大商工都市としてのスラバヤは、首都バタヴィア（現ジャカルタ）以上に日本との関わりが深い都市でもあった。日蘭領事条約が締結されバタヴィアに日本領事館が開設されるのは一九〇九年のことであり、これを契機に当初は個人商（日本人雑貨店《トコ・ジュパン》と親しまれた）を中心とする日本人の進出が本格化する。こうしてジャワを中心に蘭印各都市で邦人社会が形成されるが、彼らの子弟を対象とした日本人学校が最初に創設されたのは一九二五年、スラバヤでのことだった（ちなみにバタヴィアは二八年、スマランは二九年、バンドゥンは三三年）。

スカルノは、自分が生まれ育ったスラバヤ地方における日本人の商活動について『自伝』ではなんら触れていないが、ここでは日本人側の記録から当時の様子を垣間見ておきたい。戦前期ジャワを中心とする蘭領東インドで、生活者として長期に在留した古老の親睦組織としてジャガタラ友の会が結成されたのは、一九六五年一月であった。爾来《じらい》同会は今日まで継続する会報『友愛便り』を刊行するとともに、『ジャガタラ閑話――蘭印時代邦人の足跡――』一九六八年、同増補改訂版一九七八年、さらには『写真で綴る蘭印生活半世紀――戦前期インドネシアの日本人社会』一九八七年等、戦前期インドネシアと日本人の関わりを知るうえで貴重な記録を残している。

その増補版『ジャガタラ閑話』には、スラバヤで三〇余年にわたり商活動を行ってきた益田尚次郎の「明治末期のスラバヤ在留邦人について」と題する一文がある。第一次世界大戦（一九一四～一八年）を契機に大手商社・企業が進出する以前の日本人社会の特徴が、益田の次の回想からもうかがえる。

当時、三井洋行、潮谷商会、高橋洋行、岡崎洋行、稲垣洋行、市川開業医博愛堂、河合理髪店の計七軒で他に娘子軍《じょうしぐん》〔「からゆきさん」のこと〕の親方連中、個人としては中村省三、大槻寿美雄、八寿和栄太郎、井元隆、原天民、竹井天海外五六名夫々《それぞれ》居を構え、険しい自活の途を拓いて居たが、カロウガン通りに『おきみさん』と言う女傑も居た。是《これ》が明治末期〔スラバヤの〕邦人全てであった訳です。（〔　〕は引用者注。以下同じ）

この点描からも明らかなように、スラバヤをはじめとする南方各地にあった日本人社会は、端的にいえば近代日本のヒカリとは縁薄い「下町的」な細民の世界であった。娼婦もいれば髪結いもおり、彼らを商い相手とする零細な雑貨商、そして大正末期の流行歌「流浪の旅」にある「流れ流れて落ちゆく先は、北はシベリア、南はジャバよ」の一節にみるように、日本を追われるように渡南した無名の青年を主たる構成員とする社会であった。

現代インドネシアを代表する作家プラムディア・アナンタ・トゥール（二〇〇〇年度福

岡アジア文化賞大賞受賞者として九月に初訪日）は、当時の植民地社会を背景とした大河小説『人間の大地』において、主人公の「原住民」知識青年ミンケにスラバヤの日本人社会の一端をこう語らせている。

同級生のなかに、この国と民族に関心をもつ者はひとりもいなかった。友人たちは、日本人を、論じるに値しないきわめて低劣な民族と見なしていた。日本という国を、彼らはいとも簡単に、クンバン・ジュプン〔スラバヤの歓楽街、原意は日本の花〕に溢れる売春婦、あるいは居酒屋、料理屋、床屋、行商人と雑貨といったイメージに短絡させ、それらは近代の学問と科学に挑戦するような産業をなんら反映していない、と考えていた。

『人間の大地』の主人公ミンケは、オランダ式エリート教育を身につけたがゆえに人種差＝階級差を意味する植民地ヒエラルキーの厚い壁に絶望し闘いを決意することになるが、それでも上述の一節は、当時のヨーロッパ的教養を身につけた――スカルノもその一人である――「原住民」知識青年の日本観の一面を眼前にほうふつとさせるかのようである。青年知識人ミンケの目に映る日本人社会は、〝猥雑〟あるいは〝遊蕩的〟とも形容できるものであったが、その一方当時の蘭印社会における日本人の法的地位には重大な変化がおこっていた。結論的にいうならば日清戦争勝利後、一等国としての自信を強めた日本政府はオランダ側に強く申し入れ、一八九九年五月「蘭印行政処務規定」を改正させるのに成功した。この結果、従来「原住民」の上位に立つがヨーロッパ人より一段劣る「東洋外国人」として中国人、インド人、アラブ人等と同一視された日本人は、ヨーロッパ人同等の法的地位を与えられることになった。「原住民」エリート青年から見れば、日本人は法的には支配者オランダ人と同等だが現実には貧しくうらぶれた、しかも自分たちと同じ有色民族という矛盾にみちた存在と映じたのだった。

スカルノと日露戦争

日露戦争終結の翌一九〇六年、トルストイに心酔していた作家徳富蘆花は、アジアの小国日本がヨーロッパの大国ロシアに勝利したことの文明論的意味をこう描写した。

一方においては白晳《はくせき》人の嫉妬《しっと》、猜疑《さいぎ》、少なくとも不安は黒雲のごとく爾《なんじ》を目がけてわき起り……一方においては、他の有色人種は爾が凱旋《がいせん》ラッパの声にあたかも電気をかけられたるごとく、勃々《ぼつぼつ》と頭をもたげ起こし来れるにあらずや。（「勝利の悲哀」）

事実、蘭領東インドでも、オランダ人の一部には日本の勝利を南方に向けての将来の膨張の第一歩と警戒する空気が強まった。他方、前述したベトナムの東遊運動のような実践的な活動につながることはなかったものの、インドネシアの知識人の間には、北方の有色人種日本の勝利を自分たちの民族主義的自覚を促す契機として受け止める空気もみられた。青年スカルノも、その最初期の論文「インドネシア主義と汎アジア主義」（一九二七年）において、日本の対露勝利をトルコのムスタファ・ケマル・パシャの改革、中国民族主義の反帝国主義運動とともに、国際関係における「ヨーロッパに対するアジアの勝利」として積極的に評価し、これら一連の動きがインドネシアの民族主義運動の進展にも積極的な影響を与えたと指摘している（Sukarno, *Dibawah Bendera Revolusi*）。

日露戦争当時まだ幼児であったスカルノは、日本の勝利についての反響を直接に見聞したわけではなく、その日露戦争観は家庭や学校あるいは書物からの影響を受けつつしだいに形成されていったものであろう。スカルノと同世代の前述したイワ・クスマ・スマントリも、校長をしていた父親が誇らしげに日本の勝利を語っていたことを書き留めるとともに、こう記している。

日露戦争はアジアの人びとを眠りから呼び覚ました。自民族の維新の意義を正しく認識するならば、アジアの小国ですら、ヨーロッパの大国に打ち勝つことができるということを、その戦争は示していた。アジアとインドネシアのその後の政治の発展の

なかで、その戦争における日本の勝利の意味は、はかりしれないほど大きいものがあった。（イワ、前掲書）

スカルノもイワ・クスマ・スマントリもほかの多くの民族主義者と同じく青年時代にマルクス主義の洗礼を受け、日本の軍国主義や植民地支配には鋭い批判の目を向けていた。しかしながら今世紀初頭時点での日本の大国化は、むしろ「同じアジア人」としての共感から好意的に捉えていたことがイワの回想からもうかがえる。また前述の論文においてスカルノは、孫文を高く評価しつつアジア諸民族間の連帯ということを強調しているが、一九三〇年以降の日本が唱えた「アジアの抑圧された諸民族の旗手日本」というスローガンについては、これを欺瞞《ぎまん》であると退けている。

スカルノは独立前のいくつかの重要な演説においてたびたび孫文の名に言及するが、日本占領期末期の一九四五年六月一日、独立準備調査委員会において行った「パンチャシラの誕生」という歴史的な演説もその一つである。スカルノは排外的な民族主義を退けつつ「一九一八年、天佑《てんゆう》と申しましょうか、私をよび戻してくれた人がいました。それは孫逸仙〔文〕博士〔『三民主義』との出会いを指す〕であります。……私の心のなかには、そのとき以来、『三民主義』の影響を通じて、民族主義の意識が旺盛になったのであります」

と述べている。

インドネシアの民族主義指導者のなかで、スカルノほど数多く孫文の名に言及したものはおそらくいないだろう。その最大の理由は、「アジアは優劣関係なしに連帯すべきである」との純粋な意味でのアジア主義への心情的な共鳴であった。この心情は、一九五八年二月に東京で行った先述の演説「歴史におけるアジア」にも通底するが、この演説はまた青年期のスカルノの思想的軌跡をみるうえでも興味深いものがある。

「貧書生」であり、「物質界にはなんの慰めも見出すことができなかった」と回顧するスカルノは、それゆえに「精神の世界に入っていった。そして、その精神の世界に慰めを見出したのである。私は書物を読みに読んだ。私は精神の世界に入り、そこで歴史上の偉人に出会ったのである」と聴衆たるアジア諸国からの青年に熱っぽく語りかける。それにつづけてスカルノは、自分の「精神の世界」に大きな影響力を与えた政治家・思想家・宗教家・学者等一三ヵ国四九人の「偉人」の名に言及する。

＊　青年スカルノの「精神の形成」過程をうかがううえで興味深いこの四九名は、以下のとおりである。**アメリカ**＝ジョージ・ワシントン、トマス・ジェファソン、**イギリス**＝グラッドストーン、シドニー・ウェッブ、ベアトリーチェ・ウェッブ、**フランス**＝ミラボー、マラー、ロベスピエール、

ダントン、カミル・ド・モンラン、テロアニェ・デ・メリクール、ルソー、モンテスキュー、**ドイツ**＝フェヒテ、ヘーゲル、カール・リープクネヒト、ウィルヘルム・リープクネヒト、ローザ・ルクセンブルク、カール・マルクス、フリードリッヒ・エンゲルス、**イタリア**＝ジュゼッペ・マッツィーニ、カヴール、ガリバルディ、**ロシア**＝プレハーノフ、ウラジミール・ウリャーノフ（後のレーニン）、スターリン、スヴェルドロフ、**エジプト**＝ムスタファ・カミル、アラビ・パシャ、**トルコ**＝ケマル・アタテュルク、**パキスタン**＝アリ・ジンナー、イクバル、ショカットリー、**インド**＝テロゼシャ・メタン、タゴール、ララ・ラジパッド・ライ、ゴーカレ、スレンダナート・パナルジー、サルジーニ・ナイドゥ、パンディット・モチラルネルー、ジャワハルラル・ネルー、マハトマ・ガンジー、**フィリピン**＝マビニ、デル・ピラル、ホセ・リサール、**中国**＝孫文、**日本**＝西郷隆盛、岡倉天心。

以上の「偉人」の内訳をみると欧米（含ロシア）二七名、中近東三名、南アジア一三名、東南アジア（フィリピンのみ）三名、東アジア三名（中国人一名、日本人二名）となっている。ジョージ・ワシントン、グラッドストーン、ルソー、モンテスキュー、さらにはマルクス、レーニンと圧倒的に欧米人が多いなかで、東アジアからは孫文そして西郷隆盛、岡倉覚三（天心）といずれも「アジア主義」と縁深い人物があげられているのが興味深い。

そしてスカルノは「あなたの国の偉大な哲人である岡倉覚三と中国の孫逸仙とインドのラビンドラナート・タゴール、この三人の偉人は『アジアは一つだ』といった。アジアは、二つでもなく、三つでもなく、四つでもない。『アジアは一つ』なのだ。そうだ、アジアは一つだ。だが、私はさらにいいたい。『アジアが一つであるだけではない。人類は一つである』」と彼独特のたたみかけるようなロジックを展開する。なお、この東京講演より六年ほど前の一九五二年六月一八日、スカルノは賠償交渉チームを率いてはじめてジャカルタを訪問した外務省の大野勝己に、自分は天心の「アジアは一つ」をモットーとしている、日本とインドネシアは「相互的」であり将来は「友好関係より兄弟関係」を結ぶべきだと語っていることも、同様に興味深いエピソードである（外務省外交史料館所蔵資料）。

南進への懸念

スカルノをはじめインドネシアの青年民族主義者に大きな心理的インパクトを与えた日露戦争であったが、他方日本の勝利は、蘆花が鋭く指摘したように「白晳《はくせき》人の嫉妬《しっと》、猜疑《さいぎ》、少なくとも不安」を惹起《じゃっき》させるに十分であった。とりわけ東南アジアでもっとも広大かつ豊かな植民地を領有する小国オランダは、二重の意味で日本の台頭に不安そして猜疑の念を深めた。第一は、日本の勝利に触発され、「原住民」社会が政治的に目覚めるのではないかという国内的不安である。第二は、朝鮮そして「満州」と東アジアで足場を固めた日本が、次は南方に野望を抱くのではないかという対外的不安であった。第二の点との関連でいえば、日清戦争後、日本が清国から獲得した台湾が南進の拠点になるのではないかとの潜在的な警戒心も強かった。

日露戦争後の蘭印政庁の対日警戒について分析したオランダの歴史家ピーター・ポストは、オランダ王立汽船会社（KPM）やジャワ・支那・ジャパンライン社は軍部の協力を得てすべての日本人乗客を厳重に監督したこと、あるいは各地の内務官僚に対し日本人の出入国状態を六ヵ月ごとに報告するよう義務づけたことを指摘している。蘭印当局の対日不安感は、後に植民大臣を務めることになるC・J・I・M・ウェルテルが一九一三年に執筆した覚書からも明白である。その結論部分でウェルテルは、(1)日本が最小限の抵抗により蘭印へ進出することは確実である、(2)日本の経済的拡張は不可避的に政治的膨張につながる、(3)日本人移民の流入は、日本人と反オランダ分子との接触の機会を増すことになる、と警告した。約言すれば、オランダ側は「蘭印問題」が日蘭関係にとって深刻な摩擦要因であるとみなしたのだった（『岩波講座　近代日本と植民地3』）。

それでは当時の日本は、蘭領東インドへの南進をどう考えていたのだろうか。二〇世紀初頭の日本外交は、日英同盟（一九〇二年）、桂・タフト（アメリカ）覚書（一九〇五年）、日仏協約（一九〇七年）などの一連の協定が示すように、欧米列強との国際協調を基本原則としていた。そしてその路線のうえで日本は、欧米列強との外交関係を念願の大使レベ

表2　日本の外交関係（公使・大使はすべて特命全権がつく）

相　手　国	在外（派遣）	駐日（受入れ）
中　　国	1873　公　使 1935　大　使	1877　公　使 1935　大　使
朝　　鮮	1880　弁理公使 1893　公　使 1906　撤　廃	1887　弁理公使 1895　公　使
シャム(タイ)	1897　弁理公使 1899　公　使 1941　大　使	1899　公　使 1941　大　使
ア　メ　リ　カ	1870　少弁務士 1874　公　使 1906　大　使	1857　総領事 1871　公　使 1906　大　使
イ　ギ　リ　ス	1870　少弁務士 1873　公　使 1905　大　使	1859　特派全権公使 1868　公　使 1905　大　使
ロ　シ　ア	1874　公　使 1908　大　使	1858　領　事 1876　公　使 1908　大　使
「満　州　国」	1932　大　使	1933　大　使
参　　考	1879　シンガポール領事館 1888　マニラ領事館 1909　バタヴィア領事館	1919　総領事館昇格

注　外務省外交史料館編『日本外交史辞典』（山川出版社，1992年）をもとに筆者作成．

ルへと引き上げることに成功したのだった（表2参照）。

したがってその外交原則を犠牲にしてまで、そしてアジアにおける勢力均衡を損ねてまで、蘭領東インドに進出する――いわんや軍事力に訴えて――動機はきわめて弱かった。オランダとの外交取決めをみても一九〇八年の日蘭領事条約の調印、一九一二年の日蘭通商航海条約の調印にみるように、オランダ側の潜在的不安は小さくなかったとしても、日本側は一九三〇年代に入るまでは慎重な対応を示していた。

さらに第一次世界大戦後、戦勝国を中心に築かれた国際秩序たるヴェルサイユ＝ワシントン体制の一角を占めた日本は、日英米仏四ヵ国条約の調印（一九二一年）後の「和蘭《オランダ》（及葡萄牙《ポルトガル》）政府に対し交附せる公文」においても、「太平洋方面における和蘭国（葡萄牙国）の島嶼《とうしょ》たる属地に関する同国の権利を固く決意したる旨此に声明することを欲す」と通達した。これにより日本は、オランダの「島嶼たる属地」すなわち蘭領東インド（そしてポルトガルの「島嶼たる属地」＝東ティモール）における両国の支配を承認したうえで、平和的手段による経済的進出を外交基調とする旨を改めて確認したのだった。

このように一九三〇年代以前においては、公的レベルの日蘭関係において、蘭印問題が摩擦要因となることはほとんどなかった。とはいうものの、蘭領東インドに在住する日本人の一部には、蘭印当局の対日認識に鋭く反発するむきもあった。明治末のスラバヤ邦人社会について先に紹介した益田回想のなかに登場する竹井天海は、その典型であった。

竹井天海（福岡県出身、本名十郎）は日露戦争翌年の一九〇六年青雲の志を抱きジャワに渡り一九二八年までの二二年間を同地で過ごし、帰国後はアジア主義的な南進論者として精力的な言論活動を展開した人物である（後藤乾一『昭和期日本とインドネシア』）。竹井は最初の著作『日本人の新発展地南洋』（一九二九年）から『南方建設と民族問題』（一九四一年）まで計一二点の著書を著したほか、在南当時から数多くの論文を内地の新聞・雑誌に寄稿していた。その一つが『大阪朝日新聞』（一九一〇年一〇月二四日）に掲載された「朝鮮合併と爪哇《ジャワ》」であり、そこでは蘭印側の潜在的な対日警戒心をこう紹介している。

日本の野望は、軈《やが》て南洋にその爪牙《そうが》を露はし来るならんと邪推して、常に猜疑の目を以《もっ》て日本及び日本人を観ている和蘭人の頭脳には、異様の刺戟を与へたらしい……曰《いわ》く竹越代議士〔与三郎、号三叉、同年『南国記』を著す〕の南進論は漸《ようや》く其萌芽《そのほうが》を現し来らんとす。〔台湾における日本の植民地支配は〕其《それ》或《あ》る他の目的なるは即ち対南洋政策を発現〔せ〕しむる所以《ゆえん》で、同島を以つて南洋政策実行の根拠地と做《な》さんか故である……。

また相前後して同じ『大阪朝日新聞』（日付不詳）に載せた一文で竹井は、「それまで彼らの祖先が手なづけた小島国」と見下していた日本が急速に台頭することへのオランダの不安をこう描写した。

日露戦争後、我が日本は和蘭本国は勿論、当植民地当局者の眼に於て、爪哇に対する一種の暗雲なるかの如く映じ来たれり……我等日本人と言へば眇《びょう》たる行商人の如きまで常に猜疑の目を以て迎へ……我娘子軍を見て、彼女等は日本政府の或る委嘱を受け居るものなりとまで論ずる……。

青年民族主義者スカルノ

急進的民族主義の台頭

オランダ側が警戒した「日本と反オランダ分子との接触」こそなかったものの、一九一〇年代になると蘭領東インドでは、中国における辛亥《しんがい》革命を契機とする華僑ナショナリズムの高揚などにも触発され、政治的な民族意識がようやく高まりをみせはじめた。

少なくともオランダ人が「原住民」を見る目は、かつて倫理政策の〝理想主義的〟な提唱者たちが抱いた次のような楽観的なものとは明らかに異なるものとなった。

地理的には隔絶し、民族が違っても精神的に一体となれる。それは東インドの人々が望んでいることである。彼らが『オランダ人になりたい』と切望しているのだから、

我々は手を差し延べてそれを叶《かな》えてやらなければならない。（スロト、前掲書）

「〔『原住民』は〕『オランダ人になりたい』と切望している」とみなした白人支配者にとって、その「原住民」貴族層出身の一人の若い知識人によって「もし私がオランダ人であったならば」という痛烈な皮肉をこめた論文がオランダ語で公表されたことは、大きな衝撃であった。その青年知識人こそ、後のスカルノの政治や教育思想に大きな影響を与えたスワルディ・スルヤニングラット（一九二八年デワントロと改名）であった（土屋健治『インドネシア民族主義研究』）。スカルノより一回り年長のスワルディは、一九一三年のその「筆禍事件」で蘭印政庁に追放され、六年間をオランダで過ごすことになる。

スワルディは、蘭印政庁が「原住民」に対しナポレオン支配からのオランダ解放一〇〇周年を共に祝うことを求める愚を、こう鋭く風刺した。

もし私がオランダ人であったならば、私はいまだ植民地である国で独立の記念式典を祝うことはないであろう。その前に、先ず私はわれわれが支配している民衆に独立を与え、そしてその後ではじめてわれわれの独立式典を祝うであろう。

スワルディ・スルヤニングラットがこの論文を発表した一九一三年当時、スカルノはまだモジョクルトのヨーロッパ人小学校に在学中であり、論文が巻きおこした政治的波紋について直接肌で感じたことはなかったかもしれない。しかしながらスワルディ論文は、ジャワの知識青年が一九〇八年に組織した社会文化団体ブディ・ウトモ（ジャワ語で最高の英知の意）が志向した穏健なナショナリズムとは明らかに異なる抵抗の論理を内在させたものであり、こうした言説が登場する時代背景は、感受性の強い少年スカルノにも確実に影響を与えていたことと思われる。

スワルディ論文が発表される前年の一九一二年、そのスワルディ、そしてチプト・マングンクスモ、ドゥエス・デッケルの三人の影響力ある民族主義者によって東インド党という政党が結成された。オランダ人の父とドイツ人とジャワ人混血児の母を両親にもつデッケルの思想を強く反映したその党は、「東インドに居住するすべての住民」に門戸を開放し、「東インドを祖国とするすべての住民の独立を獲得する」ことを理念に掲げた。

こうした急進的な民族思想は、倫理政策という「上」からの近代化政策を通じ、究極的には原住民社会の抵抗の牙をそぎ、「オランダ人になりたい」との価値観を注入することを意図した政庁当局にとって、きわめて危険なものとみなされた。東インド党に対する警戒が高まっていたなかでのスワルディ論文の登場であった。この「筆禍事件」を植民地社会の「安寧と秩序」を脅かすものと判断した蘭印政庁は、一九一三年八月、上記三名の東インド党指導者を国外へ追放することを発表した。

この三名の内蘭印当局がもっとも危険視した混血児ドゥエス・デッケルは、第一次世界大戦直前の日本や帝政ロシアを経てオランダに入国し、オランダ社会党との接触をはかる。二〇歳のとき南アフリカのボーア戦争に志願兵として参加するも英軍の捕虜として二年間の獄中体験をもつデッケルが、日本で何を見、何を感じ、そして誰と会ったかは記録にない。しかしながら、色濃い反西欧感情をもつデッケルの下獄後まもなく勃発した日露戦争でのアジアの小国日本の勝利は、その後の彼の日本イメージに少なからぬ心理的影響を与えた。後年日本占領期に書いた評論のなかでスカルノは、往訪した老デッケルの書斎の机上に日露戦争の戦跡旅順から持ち帰った砲弾の破片でつくった文鎮が置かれ、そこには白ペンキで「アジア対ヨーロッパ」という文字が書きこまれていた、と述べている（「感銘と誓ひ」『新ジャワ』一九四四年一一月）。

一九一八年三月帰国を許されたドゥエス・デッケルは、直接的な政治活動は許されなかったものの、バンドゥンの私立の中等教育機関クサトリアン学院に依りつつ、オランダ支配に対する文化的抵抗者としての姿勢を堅持しつづけた。そして一九二四年初めデッケルは、歴史や地理の授業においてオランダ人や蘭印政庁を敵視する発言をしたとして当局から警告を受けた。こうしたデッケルの反オランダ的姿勢は一九三〇年代半ば以降になると南進日本に対する積極的な期待につながっていくが、この点は後述したい。

バンドゥン時代のスカルノ

ドゥエス・デッケルが異端の教育者としてバンドゥンを舞台に活動していた当時、スカルノはバンドゥン工科大学のエリート青年として土木工学の研究に打ち込んでいた（一九二一～二六年）。彼の入学した年、「原住民」の学生数はわずか一一名で絶対的少数派であった。スカルノは先覚者デッケルについて、『自伝』のなかで興味深い記述を行っている。

ドゥエス・デッケル・セ（ス）ティアブディ博士は愛国者で、多年の追放に耐えてきた人であった。すでに齢五十をはるかに超えていた時も、彼は彼の「国民インディア党」（東インド党）にむかって「諸君！　私はいくつになってもけっしてベテランと呼ばれたくない。私は墓に行くまで、インドネシア共和国の闘士として存在し続けたい。しかし、私は若いスカルノと知己になった。私はすでに年を取ったし、いつの日か、私が死の床につかなければならない時、余人ではなくスカルノに、私の後継者になってもらいたいのである。この若者はインドネシア国民の救世主になるのだ」と言明した。

スカルノは、この話を「二十歳になった頃」すなわちバンドゥン工科大学に入学した一九二一年前後のこととしているが、この当時デッケルは四二歳、かつ東インド党はすでに解散を命じられているなど細部において『自伝』の言葉は正確さを欠いている。またスカルノの記述からは、このデッケルの話は直話なのかあるいは伝聞によるものかについても判然とはしない。とはいうものの、この一文からは、先の戦時期の文鎮のエピソードとともに、スカルノが民族主義者ドゥエス・デッケルに寄せる深い畏敬の念、そして自らをその民族思想の継承者として考えていたということが十分にうかがわれる。

「信用できる部分と信用できない部分の奇妙な混合」（増田与『インドネシア現代史』）であるその『自伝』のなかで、スカルノはバンドゥンでの学生時代の政治活動にさほどの紙幅を費やしてはいない。このことは、スカルノにとってバンドゥン時代が価値の低いものであることを意味するものではない。それどころか、ジャワ人につぐ第二の民族スンダ人の故地であるジャワ島西部の清爽な高原都市バンドゥンでの学生生活は、彼の人生のなかで特別な意味をもっていた。『自伝』のなかで「バンドゥン、白人世界へのパスポート」と題したように、スカルノは自らが望みさえすれば将来を約束されたエリート技師として植民地社会での安定した生活が約束されていた。

しかしながら一九二六年五月インシニュール（技師）の学位を得てバンドゥン工科大学を卒業したスカルノは、前年末に結成したバンドゥン一般研究会という名の組織に依り、本格的な政治活動に踏み出すことになった。スカルノの処女論文ともいうべき「民族主義、イスラム主義、マルクス主義」が書かれたのは、その一九二六年のことであった。この論文は三つの思想（力）を統合しつつ独立に向けての道筋を展望したものであるが、同時にそれは、植民地ヒエラルキーのなかでの安定した将来との決別の宣言でもあった。

またバンドゥン時代には、その後のスカルノの公私にわたる生活に少なからぬ意味をもつことになる二つの出来事があった。その第一は、彼のスラバヤ時代の政治的師であったチョクロアミノトの娘ウタリとの離婚、そして円熟した人妻インギットとの結婚（一九二三年）である。第二は後年マルハエニズムとして定式化されることになる彼の政治的思想の芽生えが、この時代に見られたことである。

「品の良い高雅な雰囲気をもった成熟した女性」インギットとの結婚生活は日本軍政期まで二〇年つづくことになるが、約八年間の流刑地生活を含むこの二〇年間はスカルノにとってもっとも辛酸の日々であった。また一九二三年、二二歳のときの離婚と再婚を始点に、「スカルノはこれ以降、人生の節目のたびに新しい女性と結婚する。インギットはオランダ時代のスカルノと共にあり、ファトマワティは日本軍占領時代から議会制民主主義時代、ハルティニ、デヴィ、ハリアティは指導民主主義時代のスカルノと共にある」というような奔放な私生活を送ることになる（白石隆『スカルノとスハルト』）。

スカルノは後述する一九三〇年の法廷陳述「インドネシアは告発する」のなかではじめてマルハエニズムという言葉を用いるが、その由来となったのがバンドゥン近郊の水田で出会った、自らの田を自らの農具をもって孜々《しし》営々と耕す農夫の名であった。法廷陳述においてスカルノは、マルハエンを「小さき民である農民、労働者、交易商人、船乗り」などインドネシア社会を形づくる、そして長きにわたって帝国主義支配の下に呻吟《しんぎん》する人民を総称するものとして用いたのだった。

スカルノとインドネシア民族主義

「太平洋問題」とスカルノ

インドネシア国民党の誕生

スカルノが本格的に政治の世界に踏み出してから、流刑生活を経、日本軍に「救出」されるまでの約一五年間は、あざやかな対照をみせる二つの時期に分けられる。前半は一九二六年から七年間の若きナショナリストとして強烈にその存在をアピールした時代、その後半はエンデ、ついでベンクルでの不遇な幽閉時代である。

一九二七年七月四日、スカルノを中心とするバンドゥン一般研究会の幹部、そして一九二〇年代前半を宗主国オランダに留学し「インドネシア」という語に自らの民族意識を凝縮させていったサルトノ、アリ・サストロアミジョヨら知的エリートが合流し、バンドゥンでインドネシア国民同盟（二八年よりインドネシア国民党と改称）が結成された。前年には西スマトラ、西ジャワにおけるインドネシア共産党（一九二〇年結成）の蜂起が蘭印当局により鎮圧されるなかで、国民党の登場は新たなインドネシアのナショナリズムの誕生を象徴的に告げるものであった。

インドネシア国民党の最大の特色は、武力闘争を否定するとともに蘭印政庁との協力も拒否し、あくまでも大規模に組織された大衆行動を通じ独立運動を発展させてゆく「非協力」路線という方式であった。同時に党綱領では、アジアの被抑圧諸民族との連帯が強く前面に押し出された。

スカルノがインドネシア国民党を立ち上げた一九二七年七月四日は、アメリカの独立記念日であった。スカルノは前述した一九五八年の東京での講演で、「精神の世界」で出会った「アメリカの偉人」としてジョージ・ワシントンとトマス・ジェファソンの二人をあげていることからもわかるように、また『自伝』において「私の少年時代はアメリカの建国者たちを賛美することに費やされたしアメリカの英雄たちを見ならいたかった」と述べるように、彼のなかでアメリカ独立革命は勇気の源泉ともいうべき特別な地位を占めていた。このインドネシア国民党結成から一九三四年のスカルノ追放までの彼の政治的軌跡、その思想的展開についてはすでに内外の多くの優れた先行研究があるので、ここではとくに彼の日本についての言説を中心に追ってみたい。

インドネシア国民党の綱領で「アジアの被抑圧諸民族との連帯」が強調されたことが示すように、スカルノは中国、インドをはじめ列強の圧迫をうけているほかのアジア諸民族のナショナリズムにも深い関心と共鳴を寄せていた。それはいうまでもなく、アジアにおける欧米列強の、そして彼らと肩を並べアジア唯一の植民地保有国＝日本の専横に対する根深い反感と表裏一体のものであった。ただしスカルノの場合は、スタン・シャフリルに代表されるオランダ留学組エリートの直截的な日本ファシズム断罪論とは一線を画し、汎アジアという共通の枠内に何とか日本も位置づけたいとの願望とでもいうべきものがあった。孫文の唱えたアジア主義に共鳴し、また岡倉天心の「アジアは屈辱において一つである」との考え方に違和感を覚えることがなかったのも、そのあらわれであった。

「太平洋問題」の登場

スカルノが民族主義運動の表舞台に颯爽《さつそう》と登場した一九二七年、アジア太平洋地域の国際関係においては日本の動きが大きな焦点となっていた。とりわけ時の田中義一（陸軍大将）内閣は積極的・武断的な対中国政策を明確に打ち出し（同年六月二七日「東方会議」）、国際政治に複雑な波紋を投げかけていた。翌一九二八年六月には、関東軍の一部軍人の手で「満州」の実力者張作霖《ちょうさくりん》の爆死事件がひきおこされた。そうしたなかで、亡き孫文の側近であった中国国民党の「知日派」指導者戴季陶《たいきとう》（天仇）は、『日本論』を著し、日本の軍国主義とその中国侵略をきびしく非難するとともに、日本のアジア政策は日清戦争・日露戦争、そして第一次世界大戦でそれぞれ獲得した台湾・遼東半島・山東半島を足場に三方向に侵略の手を伸ばそうとするサソリ型政策であると指摘した。

日本が中国大陸における欧米列強の既得権益に挑戦しつつ武断政策を強行したことに対し、スカルノらインドネシアの民族主義者はどのように対応したのであろうか。端的にいうならば、これまで北方の強国日本との直接的なつながりをもたなかった民族主義者にとって、日本の動向は自分たちの独立運動の将来に影響を与える可能性を秘めた無視できない存在として認識されるようになった。民族主義者のなかで日本の台頭を「太平洋問題」として捉え、最初に国民参議会という重要な公的な場で発言したのは、G・S・S・J・ラトゥランギであった。

北スラウェシ、メナド出身で一〇年余のスイス留学の体験をもつラトゥランギは、ミナハサ同盟の書記長を経て、一九二七年国民参議会議員に任命された。彼はスカルノらの非協力路線とは一線を画し、対蘭協調路線に立った植民地社会の知的エリート＝民族主義者の第一人者でもあった。一九二八年六月、そのラトゥランギは国民参議会において、「不安の影」と題した次のような演説を行った（W. S. T. Pandaag, *Pahlawan Kemerdekaan Nasional Mahaputra Dr. G. S. S. J. Ratu Langie*）。

インドネシアは国際関係の十字路ともいうべき位置にあり、かつ近代戦の遂行に不可欠な資源に恵まれている。……インドネシアの将来の政治状況は、極東と呼ばれる地域における国際情勢の方向に大きく規定されることになるであろう……植民地問題としてのインドネシアの将来の地位の問題の解決の方向は、より広範な太平洋問題全体の解決の一部分をなすものであり、このインドネシアの地は列強が覇権を競いあう太平洋における抗争のなかに、積極的であるにせよ受け身的であるにせよ不可避的に巻き込まれざるを得ない運命にある。……経済的な諸権益を追求する列強の競争のなかで、西欧諸国は今日、消極的、積極的な二つの抵抗に直面している。消極的な抵抗とは東方世界自らの内から生ずるアジア再生の抵抗力の結果によるものであり、積極的な抵抗とは東方世界の手強いライバル日本からのものである……極東は国際的な規模での経済的、軍事的な浸透が繰り広げられるチェス盤となった。

このようにラトゥランギは、インドネシアをめぐる西欧列強と南進日本の角逐《かくちく》を予見し、インドネシアの将来の地位もこうした外部からの「積極的な〔ヨーロッパへの〕抵抗」とも連動するものであることを一九二八年中葉の時点で看破していた。ちなみにラトゥランギの出身地北スラウェシは、海路で日本からもっとも近く、一九二〇年代後半以降、沖縄漁民を主とする日本漁業の進出が急速に活発化していた。そのことが沿岸漁業を中心とする地元の零細漁民に脅威感を与え、それがラトゥランギら同地出身の民族主義者の日本への関心を深めるという背景もあった。

スカルノのアジア連帯論

中央政界で活躍するラトゥランギが日本の動向を視野に入れつつ「太平洋問題」に言及したのとほぼ同じ時期、インドネシア国民党の青年党首スカルノは、党の機関紙『スル・インドネシア・ムダ』（若きインドネシアのたいまつ、の意）紙上で「インドネシア主義と汎アジア主義」と題した政治論文を発表した。この論文のなかでスカルノは前述したように、日露戦争での日本の勝利、トルコのムスタファ・ケマル・パシャの改革、さらには中国民族主義の反帝国主義運動を、いずれも国際関係における「ヨーロッパに対するアジアの勝利」として汎アジア主義的な視角から積極的に評価し、それからの動きがインドネシアの民族主義の発展にも大きな影響を与えたことを指摘したのだった。

さらにこの点と関連させつつスカルノは、「われわれは、かねてよりこの汎アジア主義の思想は、われわれの民族主義運動のなかで生きることができ、興隆し得ると認識してきたし、そう信じてきた。というのもアジア諸民族間の運命の一体性は、必ずやわれわれの間の一致団結した態度を産むからだ。運命の一体性は必ずや感情の一体性を産むのだ」と述べる。そして孫文の名にも言及したスカルノは、アジア諸民族間の対等な立場での連帯が、帝国主義と闘ううえで不可欠な武器であることを強調してやまない。

これまでも指摘したように、スカルノには心情的に「アジアの一体性」という言葉に対する親和性が強くみられる。しかしながら、当時のスカルノは特定のアジアの大国――日本、中国、あるいはインド、そしてインドネシアを問わず――が指導権を握ったうえでの連帯ということを説いているのでは決してない。スカルノのアジア主義は、一九三〇年代半ば以降の日本で声高に唱えられるようになる「日本を盟主とするアジア主義」とは根本的に相容れない汎アジア思想であることは明白である。

このように特定の一国の盟主性を否定したアジア連帯論に立つスカルノは、それでは一九二〇年代後半のアジア太平洋地域の国際関係をどのように認識したのであろうか。欧米列強による植民地体制が堅固であった一九二〇年代にあっては、民族主義者同士の「国境」を越えた連帯ということは――コミンテルンのような国際共産主義運動、あるいは日本の庇護下での在日アジア人亡命者の接触といった事例をのぞき――非現実的であった。スカルノもアジア連帯を唱えるとき、具体的な処方箋を念頭に入れて述べているわけではない。

したがってインドネシアの民族主義運動と日本の関係についてもスカルノは、巨視的に「やがて将来、われわれはアメリカ、日本、イギリスの帝国主義の巨人たちの間で、太平洋を舞台に獲物を求め、権力を求めて死闘が繰り広げられるのを目撃することになるだろう」と述べ、ラトゥランギと同じく「太平洋戦争」勃発の可能性を予見するにとどまる。そしてスカルノは、「太平洋の南端に位置するわれわれは、これら巨人間の死闘に巻き込まれることになるだろう」と指摘し、そうした事態に備え準備を怠るべきではないことを説くのであった（Sukarno, *op. cit.*）。

しかしながらここで指摘されるべき点は、スカルノが、インドネシアの民族主義的覚醒に大きな心理的影響を与えたと評価した「アジアの国」日本を、すでにはっきりと帝国主義国家の一員とみなしたことである。彼が「イギリスその他の帝国主義に立ち向かうなかで、エジプトの人民、インドの人民、中国の人民、そしてわれわれインドネシアの人民は一つの敵に対峙するのである」と述べつつアジア諸民族の連帯を説くとき、そこでは日本はもはや連携すべき「アジアの仲間」ではなく「その他の帝国主義」の一員とみなされるのであった。

ここでは、ラトゥランギとスカルノという一九二〇年代後半の民族主義運動の対オランダ協力路線と非協力路線の頂点に立つ指導者の「太平洋戦争」論に言及したが、「太平洋戦争」勃発の可能性についてもっとも早く言及したのは、国際共産主義運動の地下ネットワークのなかで亡命生活をつづけていたタン・マラカであった（土屋健治『インドネシア思想の系譜』）。タン・マラカは一九二五年の著作『インドネシア共和国をめざして』において、こう論じていた。

……二つの帝国主義諸国間の政治的経済的対立が新たな戦争をひきおこすことは否定しえない。……極東においても日本はさまざまな帝国主義者との競争をますます激化させている。日本は自ら英米連合によって脅かされていると感じ、そのため最強の敵〝ソビエト〟にかかえこまれてしまった。資本主義諸国の対立は、ヨーロッパとアジアを問わず、いつでも新しい戦争を惹起せしめるものである。日本の急速な陸海軍の拡充は、今次の世界大戦よりもさらに巨大で戦慄すべき太平洋での新たな世界大戦がありうることをますます確信させるものである。……(帝国主義諸国の内で、アメリカと日本は共同協調する要素を持ちえない。明日か明後日かこの二つの帝国主義国は剣をとって太平洋でその力を決せずにはおかない。しかし日米戦争がいつおこるかは、誰にも言えないことである)。

法廷陳述「インドネシアは告発する」

投獄と法廷陳述

長身で眉目秀麗なスカルノは、その火を吹くような雄弁と魅力的な笑顔とあいまち、一気に民族主義運動の主役に躍り出た。しかしながら、スカルノのカリスマ的な影響力を恐れた蘭印政庁は、一九二九年、秩序破壊と擾乱《じょうらん》煽動のかどで彼の逮捕・投獄に踏み切った。スカルノは約二年の獄中生活を強いられるが、この間一九三〇年にバンドゥンの法廷で弁明の機会を与えられた。この法廷陳述は後に「インドネシアは告発する」という小冊子にまとめられ、スカルノの政治思想を研究するうえでの重要な資料の一つとなった。

「インドネシアは告発する」においてスカルノは、蘭印当局による不当な逮捕を非難するだけでなく、彼の抱懐する国際情勢観・民族主義論についても真正面から理路整然と自説を開陳した。そして一九二七年論文の延長線上で、日本についても改めて言及した。スカルノは、「アジアにおける唯一の近代的な帝国主義国家」である日本は、「樺太、朝鮮、満州に植民地支配の体制を打ち樹《た》て」た後「環太平洋諸民族の平和と安全を脅かしながら、この地に植民地を保有するアメリカやイギリスといった帝国主義との間で凄まじい死闘を繰り広げるであろう」と展望した（Roger K. Paget, *Indonesia Accuses!*）。

さらにスカルノは、日本が唱える「アジアの抑圧された諸民族の旗手日本」という標語は欺瞞《ぎまん》であり、虚偽であること、そしてこうしたスローガンは自らを「西欧の帝国主義に吠えかかるアジアの勇者」であると考える日本の保守的な国家主義者の空虚な幻想にすぎない、と一刀両断に難詰する。そのうえでスカルノは、「中国大陸をその手に入れるものは太平洋世界全体を支配する。中国の周辺を手に入れるものは、軍事的にも経済的にも東方世界の全体を支配するであろう」と論じ、イギリス、アメリカそして日本の三つの帝国主義国家間の角逐が中国大陸を主要な舞台として展開されている現状を鋭くえぐり出している。この法廷陳述は、日本（関東軍）が満州事変をひきおこす一年前のことであった。

「世界を征服せんと欲せば、必ず、まず、支那を征服せざるべからず」との有名な一節で知られるいわゆる「田中上奏文」が、中国の雑誌『時事月報』を通じ国際社会に広く暴露されたのは一九二九年一二月のことであった（山口一郎『近代中国対日観の研究』）。この文書はその後の日本の大陸膨張政策を〝先取り〟した観があるため、中国だけでなく世界的にその〝信憑《しんぴょう》性〟が知られるようになるが（「上奏文」の実在性については疑問が出されていることは周知のとおりである）、スカルノが一九三〇年に法廷陳述を行ったとき、彼がこの「田中上奏文」なるものについて知っていたか否かはさだかではない。しかしながら上述したスカルノの手厳しい日本帝国主義批判は、「（日本は）満蒙を征服し、支那を征服し、アジアを征服し、世界を征服し」ようとしていると示唆した「田中上奏文」と表裏一体的な関係にあること、また後に日本が唱えた「大東亜共栄圏論」への批判を先取りした形であることは興味深い。

「日本問題」と親日感情

以上みてきたように、一九三〇年代初頭までにインドネシアの民族主義者の間には、日本の対外的膨張主義がアジア太平洋地域において「英米両帝国主義国家」の権益と衝突し、自分たちの政治的将来もそうした帝国主義列強間の死闘の影響をもろに受けるであろうとの認識が芽生えていた。しかしながら、全体的にみるならば、民族主義運動の方向を国際関係とからめてみる見方はまだ少数であり、したがって日本の存在とその南方関心が「日本問題」として大きな焦点となるまでにはいたっていなかった。それどころか、オランダ支配下のインドネシア民衆社会の間では、日本は概して好意的なイメージで捉えられていた。とくに一定レベルの教育を受け、民族主義的な意識に目覚めつつあった社会層は、日本は東アジアの植民地支配国というよりも、今世紀に入り欧米に比肩する地位を獲得し、かつ日露戦争でヨーロッパの白人キリスト教国ロシアを打破したアジア世界の友邦、とみる傾向が強かった。

さらに第一次世界大戦後、とりわけ一九二九年の世界恐慌を機に、急激にインドネシア市場に流入してきた貧しい大衆にとっては「安価で良質な」綿製品等の日本商品、そして各地でその日本商品を商う「温和でつねに笑みをたやさない」と形容されたトコ・ジュパン（日本人のお店）の存在も、一般の人々の間での素朴な親日感情の醸成に寄与していた。逆にいえば、こうした情緒的ともいえる親日感情が、「同じアジア」という同質原理に訴えるものの実際には脱亜化していた日本の膨張主義的な体質をみきわめることを困難にさせていた。

日本の膨張と蘭領東インド

日本領事の時局認識

日露戦争、第一次世界大戦を通じ列強の一員としての地歩を固めた日本に対し、前述したように蘭印植民地政府は潜在的な警戒心をいだいていたものの、両者関係は一九三〇年代中葉までは基本的には円滑であった。

こうした関係を反映し、最大の在留日本人社会をもつスラバヤの領事姉歯《あねはじゅんぺい》準平は、一九二九年元旦、当時唯一の邦字紙『爪哇《ジャワ》日報』（斎藤正雄社長）に寄せた「年頭の辞」でこう所感をしるした。

〔日本人社会の安定は〕是れ各個の堅忍不抜の勉励と理性的活動との結晶とすべきは勿論であるが、また他方蘭領印度政府の善政の下にある楽土に居を占めたるが故で……蘭印政府に感謝せざるをえないのである。

この「年頭の辞」が示すように姉歯領事は、日本人にヨーロッパ人同等の法的地位を認め、かつ門戸開放の原則のもとで自由な商業活動を保証してくれる蘭印政庁に対し、率直な謝意を表したのである。こうした所感は、姉歯ら日本の外交当事者だけのものではなく、当時約六〇〇〇人を数えた日本人社会の最大公約数的な認識でもあった。たとえばバタヴィア日本人社会の指導者の一人、日本商会店主石居太楼《いしいたろう》は商業移民としての心意気をこう述べていた。

我等海外に在る者等しく日本人の血の流るるもの故、国の危急存亡を他にすることは出来ないが、平時は何もかも忘れて一途にここの為に地の塩となる覚悟で各国人と手を引き合って農業に商業にいそしみ合うべきであるまいか、南洋の経済的向上、これが目下の日本人に与えられたる重大な平和的使命ではあるまいか。（南洋時代社『ジャワの現在と輝く邦人』）

それと同時に興味深いことは、「善政」「楽土」という賞賛の言葉が象徴するように、姉歯（ひいては大部分の在留邦人）の蘭印認識には、オランダ植民地体制に異を唱え、もう一つの「楽土」を創出しようとするインドネシア民族主義の高揚はほとんど視野の外にあったということである。姉歯の「年頭の辞」が書かれた同じ年に、蘭領東インドというオランダの「楽土」で、二八歳の民族主義者スカルノが、秩序破壊と擾乱《じょうらん》煽動の罪状で投獄されたのであった。

表面的には嵐の前の静けさともいうべき日本と蘭印との関係であったが、世界恐慌を経、一九三〇年代に入ると潜在的な両国間の摩擦要因が一気に噴き出す形となった。とりわけ一九三三年――くしくもスカルノが再逮捕された年であるが――は、両国関係にとって重要な分岐点となるさまざまな出来事が発生した。

日本・蘭印関係の分岐点

その第一は、満州事変（一九三一年九月）をひきおこした日本に対する国際連盟の非難に反発し、日本が連盟を脱退したことである。この政策は、日本にとって「ヴェルサイユ体制への決別の果し状であり、国際的孤立化への道に大きく一歩踏み出し、さらに国際的反体制＝〈持たざる国〉の陣営加入へと進む転換点」となった（細谷千博・本間長世『日米関係史・摩擦と協調の一三〇年』）。ヨーロッパにおける「持たざる国」ドイツにおいてヒトラーを首相とするナチス政権が成立したのは一九三三年のことであり、またそのドイツが国際連盟を脱退したのは日本の脱退から六ヵ月半ほど後のことであった。

満州事変から連盟脱退へいたる一連の日本の大陸政策は諸外国の対日不信感を高めたが、他方では日本の膨張主義が南進という形をとらなかったことで、西欧列強のなかにはある種の安堵感が流れたことも事実であった。満州事変を「歓迎すべき出来事」とみなしたオランダ同様、あるいはオランダ以上に日本の南進を恐れたオーストラリアの次のような時局認識は、東南アジアに直接・間接権益を有する西欧諸国の日本観の一面を示唆するものであった。

オーストラリアの究極的な対日関係は、満州国における日本の実験が成功するか失敗するかにかかっている。もし成功すれば日本は、大陸拡張政策を無制限に追求することになるだろう。……もし満州国で失敗することになれば、日本は依然として過剰人口のはけ口、原材料や食糧の供給地そして工業製品の販路を必要とすることになろう。そしてこの大陸政策の挫折の結果、日本はフィリピン、蘭領東インド、そして西太平洋諸島、さらにはオーストラリア北部を占領せんと企図するようになるだろう。
(T. B. Millar, *Australia in Peace and War*)

第二は、経済面における日本の急激な進出である。蘭印の総輸入に占める日本の比率は、一九三〇年にはじめて一〇パーセントを超えたが、これは一九三三年になると三一パーセントとなりオランダ本国からの輸入一二・三パーセントを二・五倍も上回ることになった。とくに綿製品を主とする日本商品のオーバープレゼンスは、蘭印政庁の伝統的な門戸開放政策に軌道修正を迫ることになった。同年には「非常時輸入制限令」が公布され、ついで翌一九三四年には日本からの輸入制限を目的とした日蘭会商（第一次）がバタヴィアで開催されるにいたった。日本の急激な経済進出に対しては、蘭印政庁のみならず英連邦諸国も一九三四年にオタワ協定（特恵関税制）を締結するなど、第一次世界大戦以降の日本の経済的南進を支えた国際環境が大きく変容した。

第三は、「ヒトの流れ」という点でも、一九三三年は一つの画期をしるした。一九三〇年にはじめて六〇〇〇人を超えた蘭印在留の日本人数は、この年六九四九人に達し、戦前期の最大値を記録した。これに対し蘭印政庁は、モノにおける貿易制限と同じく人の流れの面においても、この年「非常時外国人入国制限令」を制定し、日本人の移民・入国に対し厳しい規制措置を打ち出した（ちなみに日本人の大移民先であったブラジルでも一九三四年五月に排日移民法が制定され、両国関係が悪化した）。

また一九三三年は、従来日本から蘭領東インドへの片側通行であった「ヒトの流れ」に質的な面でも変化が生じ、インドネシア人の訪日や留学が活発化する転換点となった。その先鞭をつけたのは、一九三三年末日本を訪問した著名な新聞人パラダ・ハラハップ『ビンタン・ティムール』（東方の星）社主が、帰国後精力的に日本留学を紙上で鼓舞したことであった。その「親日」ぶりについてバタヴィアの日本総領事館当局は、いくぶんの戸惑いを交えた筆致でこう報告している。

〔訪日後のハラハップは〕爾来《じらい》土人ノ留学及日本文化ノ宣伝等ニ執筆シツツアリ相当注目ノ的トナリ居リ、殊ニ此ノ土人ノ留学問題ニ付イテハ蘭印官憲ノ憂慮ノ種トナリ居ルモノト見受ケラル。（外務省外交史料館所蔵資料）。

日本漁船爆破事件

もう一つ日本人の蘭印入国と関連し興味を引くことは、蘭印政庁が日本人漁業者への監視を強めるようになったことである。従来政庁当局は、日本の漁業進出を安価で栄養に富む鮮魚を提供するものとして基本的には歓迎していた（表3参照）。しかしながら一九三〇年代以降の蘭印の対日警戒論を背景に、政庁は自国の領海周辺で操業する日本の遠洋漁業を、海軍の命を受けて情報を収集する第五列（スパイ）だと懐疑の目を向けるようになった。こうした疑心暗鬼の空気のなかで、一九三二年末蘭印海軍工兵隊が禁漁区違反をしたとの理由で日本漁船（沖縄共栄組所有）を爆破するという事件がおこった。

表3　バタヴィア市営市場の民族別鮮魚水揚高

(単位：1000ギルダー)

年	ジャワ人	中国人	日本人	ヨーロッパ人	計
1929	1,175	355	493	26	2,049
1930	1,039	379	523	20	1,961
1931	887	342	523	39	1,791
1932	723	326	336	43	1,428
1933	566	310	258	103	1,237
1934	476	297	198	97	1,068
1935	456	268	152	72	948

注　片岡千賀之『南洋の日本人漁業』(同文舘出版，1991年）に依拠.

民間船舶に対するこの爆破事件は、蘭印在住の日本人社会に大きな衝撃を与えたばかりでなく、国際連盟脱退前夜の高揚する反欧米感情のなかで右派勢力を中心に日本国内でも大きな関心を集めた。しかしながら、微妙な段階にさしかかってはいたものの、対蘭印そしてオランダとの伝統的な友好関係を留意した内田康哉外相は「〔爆破事件は遺憾ではあるが〕両国の親交に累を及ぼさないやうに結末を付けたいと思つて居ります」と慎重な態度を表明した（第六四回帝国議会貴族院予算委員会議事速記録第二号)。

日本漁船の爆破事件から一年半後の翌一九三四年五月、蘭印政庁は外国漁業規制措置を強化すべく「沿岸漁業条令」を制定した。これにより、従来は違反漁船は船具および漁具を没収されるだけであったが、漁船そのものが没収の対象となった。上述した貿易や入国に関する一連の規制強化とともに、この措置は邦人社会に深刻な衝撃を与えることとなり、「何れにしてもこの罰則強化は爪哇の邦人漁業が極度の不振に悩まされている折柄邦人漁業人の拘束の過重であり新しい警告であると理解せねばならぬ」と深刻に受け止められたのであった（『爪哇《ジャワ》日報』一九三三年四月一九日）。

スカルノ、ハッタの日本観

日本の経済進出をめぐって

上述したように一九三〇年代に入ると、日本・蘭領東インドの関係には、政治的・経済的そして文化的な面でも従来みられなかった微妙なかげりが浮き彫りにされるようになった。蘭印政庁側からみれば、潜在的な対日不安がしだいに明確な形をとりはじめ、「日本の経済的浸透は来たるべき軍事占領の序曲」であるとの警戒もなされるようになる。そして一九三五年になると蘭印政庁内に「日本問題」の専門家A・H・J・ローフィンクを長とする東亜局（DOAZ）が設置される。この東亜局は政治諜報局（PID）との密接な連携により、開戦までの数年間、日本および蘭印在住の日本人に関する情報収集を体系的に行うようになる。

このような日・蘭印関係の冷却化、その一要因たる日本の蘭印への経済進出をみやりながら、スカルノはどのように日本を認識していたのだろうか。一九三〇年代初めスカルノは、怒濤の勢いで蘭印市場に流入してくる「安価で良質な」日本商品とりわけ綿製品を民衆が手放しで礼賛し、それを喜んで買い求めようとする風潮を厳しく戒めている。スカルノによれば、それは日本資本主義によるインドネシアの地場産業の壊滅をもたらす結果となり、また日本の輸出急増はダンピングによるものであり、かつ「中国人民による日本帝国主義のボイコットの成果」である、というのであった。そしてそれゆえにスカルノは、こう警告を発するのだった（Sukarno, *op. cit.*）。

諸君、十分に気をつけるべきだ。今でこそ日本商品は安価で、諸君の運命を楽にしてくれるかのようだ。しかしながら将来、日本帝国主義が西欧帝国主義との競争に勝利し、そしてこのアジアの地の市場を制覇し、西欧のライバルが消滅した場合には、日本は価格をつりあげ、諸君の財布が完全に空になるまで、米びつの底がみえるまで、諸君の運命を苦しめるであろう。

日本の経済進出に対するスカルノの解釈には多分にマルクス主義の影響がみられるが、こうした見方は西欧式教育をうけた民族主義指導者の間で多かれ少なかれ共通してみられるものであった。ただそれと同時に、当時の民族主義者には、インドネシアの経済的自立をはかるにはオランダ人や華僑の経済的優位を打破することが必要であり、その一環として日本との経済的提携を強めるべきだとの意見も少なからずみられた。その代表的な論者の一人が、スカルノとならび一九三〇年代初期の民族主義運動を領導したモハマッド・ハッタであった。

モハマッド・ハッタの訪日

ジャワ出身のスカルノと西スマトラ（ミナンカバウ人）出身のハッタは、独立後それぞれ初代の正副大統領に選出されたことが示すように、インドネシアの「多様性の中の統一」という建国理念を象徴する存在であった。その反面スカルノとハッタの間には、民族主義運動の方法をめぐって——たとえば大衆動員型か中核エリート重視型か——激しい論争が展開された一九三〇年代初めから独立後の一九五六年末のハッタの副大統領辞任にいたるまで、国政全体に影響をおよぼす摩擦が一再ならず生じことも事実であった。

スカルノがバンドゥン工科大学で学んでいた当時、ハッタはオランダ留学組（ロッテルダム商科大学）の知的エリートとして留学生会インドネシア協会において終始指導的な役割を演じていた。そしてハッタは、一九二三年に『インドネシア協会年報』に処女論文「アジアの革命のなかのインドネシア」を発表した。インドネシアにおける民族意識の成長過程を跡づけたハッタは、自分たちのナショナリズムに影響を与えた外的要因として、日露戦争における日本の勝利、インド国民会議派の運動、トルコの近代化の三つをあげている。ハッタの日露戦争への肯定的評価は、あるいは日本への関心の大きさは、彼の若き盟友であるスタン・シャフリルとは大きく異なっていた。西欧的社会主義に深く傾斜するシャフリルにとっては、日本賞賛はアジア人としての劣等感の裏返しにすぎなかった。そして何よりも、シャフリルにとっての政治的座標軸は「アジア対ヨーロッパ」ではなく、「ファシズム対民主主義」なのであった（ロシハン・アンワル編『シャフリル追想』）。

ハッタは一九三三年春、叔父アユブ・ライスに同行してはじめて日本の地を踏むことになった。ライスは最大の民族系商社ジョハン・ジョホール社社長で日本との直接貿易の道を開くことを目的とした訪日であった。彼らの神戸上陸は、日本が国際連盟から脱退した直後のことであり、日本の朝野で「アジアに還れ」のスローガンが声高に唱えられていた時期であった。そのためハッタ訪日は、「大アジア主義の旗下に参ぜん、蘭領印度の若きガンヂー、はるばる憧れの日本へ」（『大阪朝日新聞』一九三四年四月一五日）、「日本を慕うて爪哇のガンヂーこよひ憧れの来朝、重き使命を双肩に」（『大阪毎日新聞』同日）ともてはやされた。さらに彼の訪日は、「商業視察を名目に亜細亜の盟主日本の地を踏もうとするものである」とも宣伝され、慎重な性格のハッタをして、日本滞在中ますます自戒した行動をとらせることになった（『ハッタ回想録』）。

ハッタの日本論

経済学徒でもあるハッタは、一夕《いっせき》、大阪外国語学校（現大学）の馬来《マレー》語部の南洋研究会の求めに応じ「蘭印における経済的自主」と題した講演を行った（『南洋研究』第七号）。マレー語（インドネシア語）を理解する同世代の青年からの要請ということもあり、ハッタはこの講演において率直な口調で、政治的独立の前提条件としての「経済の自主的独立」の必要性を力説している。ハッタは世界恐慌後のインドネシアの経済的苦境を解決するには、何よりも輸出の拡大が不可欠だと説き、それにはインドネシア人と日本人が直接貿易の道を開くことがもっとも重要だとし、こう指摘した。

経済の自主的独立それこそ我がインドネジア人《（ママ）》の心からなる叫びである。経済自主の為の運動は我々の努力勤勉と日本人の援助に依りのみ育成されていくべきものである。我々は最早白色人種の搾取に飽きが来た……若し日本がインドネジア人との間の直接関係に向かつて尚《なお》も外国人に例へばオランダ人、華僑の手を介しての取引のみを行ふならば其《それ》は日本に取つて大なる損失であり誠に悲しむべきことである。

約一ヵ月間の日本滞在を終えたハッタは、帰国直後に「日本はアジア回帰を欲するか」という論文を発表した（Mohammad Hatta, *Kumpulan Karangan*）。この論文のなかでハッタは、現下の日本をおおっている「アジア回帰」熱は明治以来の脱亜入欧の挫折の反動である、と鋭く指摘する。すなわち脱亜に成功したものの、欧米列強に対等に扱われていないという劣等感・閉塞感が、日本のアジア回帰論となって発現するのだとハッタは分析する。しかしながら、ハッタはこうした対症療法的な「アジア回帰」政策は、現実的にはアジアの盟主を夢見る日本のファシズム勢力の手段に堕しつつある、と喝破するのであった。

さらにハッタは、インドネシアの民族主義運動はアジア的同質原理に訴える日本の甘言を拒否すると言明するとともに、第一次世界大戦期のトルコの民族主義者の対ドイツ接近や現下の中国の対英接近をこう婉曲《えんきょく》に批判する。「外国からの援助に依存していては決して完全な独立は達成できない」。オランダ留学中に執筆した前述の処女論文にしるされたハッタの日本に対する好意的な目は、一〇年後の一九三三年すでに消失していた。

スカルノの第二次世界大戦論

スカルノは一九二〇年代末から太平洋の〝パワーゲーム〟における日本の台頭に触れ、将来のインドネシアの独立もそうした国際関係に大きく影響されると予見した。同時にスカルノは、日本の急激な経済進出は民族的な経済基盤を脅かすものだと認識した。他方終生のライバル、ハッタは日本との経済的提携の必要性を説く一方、日本のアジア回帰を拒否し、さらには外国に依存しようとする民族主義運動のあり方に大きな疑問を投げかけた。

このような日本認識の差異を露呈させつつ、インドネシア国民党の分裂（一九三一年）後スカルノはインドネシア党、ハッタはインドネシア国民教育協会に依りながら一九三〇年代初めの民族主義運動を指導していた。しかしながら超保守派のデ・ヨンゲ総督による民族主義運動に対する過酷な弾圧政策の結果、スカルノは一九三三年八月、ハッタは翌一九三四年二月に逮捕された。そしてスカルノはフローレス島ついでスマトラのベンクルへ、ハッタは西ニューギニア（現パプア）ついでバンダネイラ島へ追放され、日本軍政開始までの約八年の流刑生活を強いられることになる。

家族とともに過ごした流刑生活を通しスカルノはイスラムについて思索を深めるとともに、ベンクル幽閉中にヨーロッパで勃発した第二次世界大戦とくにそれがアジアに及ぼす影響について精力的な執筆活動を行った。この時期に書かれたスカルノの第二次世界大戦に関する論文を分析した土屋健治は、主な論点として以下の三点に約言できることを指摘している（『インドネシア思想の系譜』）。第一は、現下の戦争はファシズムと民主主義の闘いというイデオロギーの争いではなく、資源獲得をめぐる闘いである。第二は、ファシズムは独占段階に入った資本主義の体制的表現である。そしてヒトラーは、自らの独裁体制と滅びつつある資本主義を暴力によって延命させようとする反革命的な役割を演じているから、必ず敗北する。第三は、この戦争を通じイギリスがインドに独立を与えるか否かは疑問である。

一九二〇年代後半の言説においてもスカルノは、太平洋を舞台に繰り広げられるであろう死闘は、「民主主義勢力対ファシズム勢力」の闘いでもなければ、「ヨーロッパ対アジア」の闘いでもなく、獲物を狙う帝国主義列強間の戦いであると認識した。ハッタあるいはシャフリルのようにヨーロッパ市民社会のなかで留学体験をもち、現在自分たちを支配しているもののオランダは本質的に民主主義国とみなした民族主義者と異なり、蘭領東インドから一歩も離れたことがなかった当時のスカルノには、二度の逮捕と長期の流罪を科したオランダは「倶《とも》に天をいただかざる」存在と認識された。

したがってハッタ、シャフリルが、あるいは長老の民族主義者チプト・マングンクスモらが、民主主義が世界的な危機に直面しているときオランダに対し独立を要求することはファシズム勢力に手を貸すことだとし、オランダと提携してファシズムを阻止すべきだとの態度を鮮明にしたことは、スカルノには許容しがたいものと認識された。このことはもちろん、スカルノが日本の武力南進を支持したり、これとの協力を求めたということを意味するものではない。しかしながらスカルノにとっては、既成の国際秩序が日本の台頭によって打破され、その間隙を巧みに利用することが民族主義運動にとって好機であると理解されたことは確かであった。

異なる日本理解

この点と関連するが、独立後一九五〇年代半ば以降スカルノの政治・外交面での有能な片腕となったルスラン・アブドゥルガニ（バンドゥン会議事務局長、のち外相）は、スカルノが反ファシズムを強調する一方、孫文のアジア主義あるいは日本の近代化にも強い関心を示していたことを指摘する。そしてルスランは、自分の問いに対しスカルノが「民主主義と軍国主義のどちらを選ぶかと尋ねられれば民主主義を選ぶ。しかしながら、もしオランダ民主主義を選ぶか日本軍国主義を選ぶかと問われれば、日本軍国主義を選ぶ」と答えたエピソードを紹介している（一九七七年一〇月、同氏とのインタヴュー）。

他方ハッタは、開戦前夜の国際情勢をどのように認識していたのであろうか。一九三三年の論文で「〔日本のアジア主義は〕アジアの盟主を夢見る日本のファシズム勢力により汚されようとしている」と結論づけたハッタは、スカルノと異なり以後の国際関係を「ファシズム対民主主義」の図式のなかで理解していた。しかしながら開戦前の日本側は、訪日体験をもつハッタをいささか我田引水的に日本に好意的な民族主義者と評価していた。たとえば開戦三ヵ月前に作成された外務省南洋局『東印度民族運動の現状』は、ハッタを日本の南進を支持する「親日派」指導者と捉え、かつ彼の八年間の流刑を訪日との関連で理解さえしていた。

ハッタは、こうした日本側の自分に対する〝過大な〟評価を知らなかったと思われる。ハッタ自身は、日本の参戦直後の一九四一年一二月、流刑地バンダネイラから書き送った「太平洋戦争とインドネシア人民」と題した論文で、日本が宣した「大東亜戦争」を一九三〇年代以降の日本の膨張外交の帰結と捉えた。そしてハッタは、「祖国を愛し、民族主義的理想を持つインドネシア人民」にとって「西欧民主主義の陣営」に加わって「日本帝国主義と対決」する以外に取るべき道はないと説き、「生き恥をさらして生きるよりも理想に殉じて死んだ方がましである」とその一文を結んだのだった（Hatta, *op. cit.*）。

日本の南進とその波紋

追放の地にありながらもスカルノ、ハッタをはじめインドネシアの民族主義者が大きな関心を寄せていた日本の南進について、ここでその大筋を整理しておきたい。

「資源の宝庫」蘭印

一九三六年八月、五相会議（首相・外相・蔵相・陸相・海相により構成）は「国策ノ基準」を策定し、南進政策を明治期以来の伝統的な大陸政策とともに対外政策の柱として位置づけた。この政策自体は、平和的手段による経済的な南進の重要性を強調した穏健なものであった。とはいうものの、南進はその本質において欧米列強の既得権益を脅かしかねない要素をはらんでおり、国際連盟脱退後の日本の動きに過敏になっていた列強の対日警戒を深める結果となった。日蘭関係史を専攻するオランダの歴史家E・L・スホールテンは、この一九三六年をオランダ人にとって「太平洋戦争の恐怖がピークに達した年」だと位置づけた。彼女はその理由として二・二六事件の発生、ロンドン、ワシントン両海軍条約からの日本の離脱、そしてフィリピン・コモンウェルスの成立に伴うアメリカのアジアからの段階的撤退が蘭領東インドの安全保障に与えた深刻な危機感を指摘している（*Journal of the Japan-Netherlands Institute*〔2〕1990年所収）。

しかしながら、一九三〇年代後半の日本は日中戦争で泥沼状態に陥り、東南アジアに対し本格的な関心を向けるのは第二次世界大戦の勃発後のことであった。とりわけ盟邦ドイツが東南アジアに重要な植民地を領有するオランダ、フランスを支配下においた一九四〇年初夏以降、日本の南進態勢は加速化した。そうした動きのなかで日本の政府・軍部は、蘭領東インドを石油、ゴム、ボーキサイトなど重要戦略資源の宝庫として熱い視線を注いだ。

一九四〇年九月から九ヵ月間続いたものの結局は〝決裂〟にいたった第二次日蘭会商において、日本は蘭印石油の確保を最大の主眼とした。日本側（最初は財界人小林一三《いちぞう》、ついで元外相芳沢謙吉が全権代表）からの石油供給に関する強い要望に対し、蘭印側は次のような理由からその要望を退けることとなった。(1)日本側の求める石油供給量が、今後五年間年平均三〇〇万余トンと過去の実績（従来は六〇～九〇万トン）を大幅に上回るものであったこと、(2)会商開始の直後に日本が北部仏印へ軍事進駐したり、オランダにとって最大の敵国であったドイツ、そしてイタリアと三国同盟を調印するなど蘭印当局を刺激していたこと、(3)当時の近衛内閣が「蘭印は大東亜共栄圏の一部」だと公然と表明していたこと、さらには(4)米英両国が日本の武力南進を警戒し、蘭印支援を連合国側の安全保障の一環として重視するようになったことなど。いずれにせよ、第二次日蘭会商の失敗が、日本側に「武力行使の可能性」（同年七月の大本営政府連絡会議決定「世界情勢ノ推移ニ伴フ時局処理要綱」）に踏み切るうえで重要な引き金――あるいは口実――の一つとなったことは確かであった。

在留邦人の対応

公的レベルにおいては日本・蘭印関係には深い暗雲がたちこめるようになったが、こうしたなかで当時の在留邦人はどのような対応を示したのか、また蘭印当局が恐れた民族主義者と日本との関わりはどのようなものであったのだろうか。

日本国内の南進論とりわけ蘭印への積極的進出論の急激な高揚とは対照的に、独立独歩型の商業移民を中心に形成された蘭印の日本人社会の最大関心事は、前述の姉歯スラバヤ領事の発言にみられるように「日蘭友好三百年」の標語のなかで孜々《しし》営々と築いてきた商権を維持・発展させることであった。もちろん在留邦人のなかには、民族主義運動に共鳴し、さまざまな形で彼らの独立運動を直接・間接に支援した者も、またそれゆえに蘭印政庁から国外退去を命じられた青年も各地に存在した（西嶋重忠『証言インドネシア独立革命』）。しかしながら全体としてみれば、こうした政治志向の強い日本人は少数派であった。多くは当時の唯一の邦字紙『東印度日報』（一九三七年七月発刊。前述の『爪哇日報』と一九三四年に発刊された『日蘭商業新聞』が合併）の主筆谷口五郎の次のような発言（一九三九年一二月八日）に自らの思いを託していたといえよう。

日蘭の二国ほど外交関係がうまく行っている国は一寸発見することが出来ない……最近蘭印には日本に対して、しっくりと互いの心にそぐわない感情がひそんでいて、それが色々の機会に歌われて来るように見受ける……日蘭の国交は永い間清く正しく続けられて来た。この国交を我々の時代に於《おい》て少しでも破損してはならぬ。

『東印度日報』の冷静な筆致は、第二次日蘭会商の不調が明白となり、それに呼応するかのように日本国内の南進論が熱気をましていた一九四一年になっても維持されていた。

たとえば日蘭会商の決裂についても『東印度日報』は、それは政府対政府の外交交渉が不調に終わったことを意味するだけで、「われら在留邦人の生活は、今日も昨日と同じように続いていくのである」（一九四一年六月二一日）と理性的な対応を在留邦人社会に呼びかけていた。

民族主義者と日本

日本・蘭印関係が緊張をはらむなか、インドネシアの民族主義運動と「南進日本」との関係も一段と微妙なものとなった。スカルノ、ハッタに代表される非協力路線が彼らの追放により事実上終息させられていたなかで、オランダとの協調路線に立つ穏健な政治活動だけが許されていた。彼らは、一九三五年末フィリピンがアメリカ政府から大幅な自治を認められたフィリピン・コモンウェルスを樹立したことで刺激を受け、オランダも同様の政策を取ることに期待をかけた。その中核となったのが、大商業都市スラバヤを拠点とするパリンドラ党（大インドネシア党、初代党首ストモ医師）であった。

しかしながらパリンドラ党は、蘭印政庁がアメリカと異なり民族主義運動に対し非妥協的な姿勢をとりつづけたことに次第に幻滅をおぼえるようになる。その一方同党は、「アジア解放」を掲げ東南アジアへ熱い視線を向けるようになった日本に多大の関心を示すようになる。とりわけ党首ストモを補佐する最高幹部モハマッド・フスニ・タリンは、日本に対する期待を公然と表明していた。当時国民参議会の第一副議長という「原住民」としては最高の地位に昇りつめていたタムリンではあったが、一九四一年一一月国民参議会での演説において、民心は完全にオランダから離反していると批判するとともに、「オランダ人が馬鹿にしてやまないインドネシアの民衆」の間で、目下日本への期待をこめた二つの言葉遊びが流行しているとし、こう揶揄《やゆ》した。

民衆の間で人気の高い、軍人の顔を商標にあしらった日本の家庭薬仁丹（Jintan）の語は、「この日本軍人がまもなくわれわれを解放するだろう」の意を表した簡約語であると解されている。また目下開催中の日蘭会商の小林（Kobayashi）全権の名は、「日本が、オランダの植民地である全インドネシアを奪うだろう」の意を表した簡約語であると解釈されている。そのことを政庁当局は御存知ないのだろうか。（*Pemandangan*, Nov. 2, 1940）

他方、協調路線に立つものの、パリンドラ党と勢力を二分した左翼的色彩の濃いゲリンド党（インドネシア人民運動党）の最高幹部の一人アリ・サストロアミジョヨ（一九五五年バンドゥン会議当時の首相）は、その回想録のなかで開戦前夜のパリンドラ党の親日的傾向をこう批判している。このことは、協調主義路線をとる政党間で統一的な反オランダの力を結集できなかったことを意味するものであった。

当時のインドネシア人の諸政党は、一般にファシズムに対して批判的であった。ただし、日本ファシズムをどう理解するかについては見解に差があった。パリンドラ党は、日本の帝国主義とオランダの帝国主義は本質的に同じであるということを考慮せず、日本を信用し、その力を利用しようとした。したがって、日本の軍国主義の高まりを前にしても、これに抵抗しようとはしなかった。(Ali Sastroamidjojo, *Tonggak-Tonggak Perjalananku*)

この批判からもうかがえるように、パリンドラ党、とくに党政治部長タムリンは、開戦前夜、在留邦人の官民の一部との接触を深めていた。しかしながらタムリンは、日本の南進エネルギーを利用しての本格的な活動を開始する前の一九四一年一月一一日——彼は先述の演説が蘭印当局の忌避にふれ家宅軟禁中であり、しかも風邪をこじらせて病床にあった——当局がさしむけたメナド人カヤドゥ医師の診察を受けた後、不可解な死を遂げることになった。今日なおインドネシア政治史上「タムリン事件」として知られる彼の謎の死は、インドネシア社会に大きな衝撃を与えただけでなく、日本側の大きな関心を引いた。

外務省南洋局がまとめた『東印度民族運動の現状』は、タムリンの死の遠因となった蘭印当局による家宅捜索は、「最近の極東情勢の混乱を利して何等か日本側との連絡があるのではないかとの疑惑」によるものだと分析していた。またこの小冊子は、タムリン死後数日を経て、蘭印当局が「『タムリン』氏ニ対スル取調べハ何等外国筋トノ連絡云々ノ嫌疑ニ因ルモノデハナイ」と釈明したことも付記している。いずれにせよ、「大東亜戦争」勃発一年前の植民地蘭領東インドにおいて、速足でしのび寄る日本の南進が、オランダ人社会においてもインドネシア人社会においても、大きな影をおとしていたことはまぎれもない事実であった。

日本軍政とスカルノ

「対日協力」の論理

蘭領東インドの崩壊

〈蘭印軍の降伏は〉東インドにおけるオランダ帝国の終わりであった。バタビアから植民地全体を支配していた時のオランダ人は誇らし気で尊大で冷酷であったが、この同じ人間がチラチャップのごみの中に這いつくばって日本刀の前で許しを乞うていた。これを見た私の胸中に、思い出として東インドにおけるオランダ帝国の崩壊がやきついた。(『アダム・マリク回想録』)

二〇歳のときアンタラ通信社を興した(一九三七年)青年民族主義者アダム・マリク(後副大統領・国連総会議長等を歴任)は、一九四二年三月「大東亜戦争」勃発からわずか三ヵ月後の蘭領東インドの〝あっけない〟崩壊の思い出をこう回顧した。開戦前夜、日本からの短波放送を通じて流れてくる「西欧植民地体制の打破、アジア解放」の快いスローガンは、インドネシアの多くの民族主義者だけでなく一般の民衆の間でも期待感とともに好意的に受け止められた。その期待が現実のものとなったことで、人びとの間では疑うことのなかった「白人優位の神話」が、音を立てて崩れたことが実感されたのだった。

当時すでに著名な作家として文学界の若き旗手であったS・タクディル・アリシャバナは、日本占領期を背景とした晩年の思想小説（邦訳『戦争と愛』）のなかで、日本軍の〝凱旋〟を迎える民衆の姿をこう描いている。

その日の午後、日本軍は上陸地点であるマウク（西ジャワ、バンテン州）方面からジャカルタへ入城した。群集がぎっしりと沿道を埋めつくしていた。彼らは、隊列を組んで入ってくる日本軍に向かい「万歳、万歳」とひっきりなしに叫び、日の丸と民族旗紅白旗《メラ・プティ》を打ち振っていた。彼らは、日本人がヨーロッパ人と比べ、あまりにも背が低いのをみて、ますます驚きの念を強めた。それに、日本兵は服装や装備の点においても、粗末なものであった。

この描写からもうかがえるように、〝貧弱〟でしかも同じアジアの民族である日本人は、「北方から来た有色民族が救済に来、トウモロコシの実る期間だけ統治した後去る」と言い伝えられたジョヨボヨ神話と重ね合わせに受け止められた。しかしながら、こうしたインドネシア人の期待は、日本軍政の開始とともに失望にとって代わられた。

日本軍当局は、占領直後から矢継ぎ早に布告・政令等一連の命令を公布し、政治や経済をはじめ日常生活の細部にいたるまでインドネシア人を監視下におくことになった。「当分ノ間総《すべ》テノ言論、行動、示唆又ハ宣伝ニシテ政治ニ関スルモノハ禁止ス」(三月二〇日)、「旗日《はたび》ニ際シ毎戸ニ旗ヲ掲揚スベキ時ハ日本国旗ノミ使用スベシ」(同日)、「日本時間ヲ使用ス依テ……時差一時間半ナルニ因リ直チニ時計ヲ規正スベシ」(三月二七日)等々といった具合であった。

再びアリシャバナの、自らの体験をふまえた『戦争と愛』の一節をみてみよう。それは軍政開始後まもなく、日本軍政当局がインドネシア各界の指導者を一堂に集め、「大東亜戦争」の政治的・思想的な意義を説き「大東亜共栄圏」の樹立につき彼らの協力を求めたときの光景である。驚きと困惑にみちた一人のインドネシア知識人は、こう反問した。

大日本が大東亜戦争に突入したことを私たちインドネシア人は、喜びの念をもって見守ってきました。しかし、本日の演説をうかがって大変失望したのであります。東京放送からは、私たちがこよなく愛する民族歌「インドネシア・ラヤ」が流され、それを私たちはいつも誇りを持って聞いていました。ところが、今日のこの会合には「君が代」だけを聞かされ、「インドネシア・ラヤ」が全く忘れ去られたというのは、なんとも残念なことでありました。私たちには理解できないことであります……またこの会場に美しい日の丸の隣に、私たちの紅白旗が見かけられなかったことにも、奇異の念を抱いております。

このようにインドネシア人の間に日本軍統治に対する失望感が広がりはじめていたころ、ジャワ軍政を管掌した南方軍第十六軍の最高司令官今村均将軍は、軍の陣中紙『赤道報』（一九四二年三月一八日）に次のような所見を寄せていた。

住民がこんなに日本軍、日本人に憧憬《あこが》れて、本当に歓呼の声をあげて迎へるといふこの従順な住民を、本当に皇化に浴せしめることが、我々に課せられた軍政の最大目的としてゐる、然し今後この国が大日本帝国の一部になるのか、或《あるい》は満州のやうな国になるのか、朝鮮のやうな国になるのか、一向まだ指示されてないし又自分も宣言してゐない。

この発言の前半部分は、今村均の偽らざる感慨であった。今村は第十六軍司令官に親補される前、「南支方面軍」の司令官として大陸にあり、中国民衆の頑強な抗日民族主義を目のあたりに見てきた。それだけに「歓呼の声」で日本軍を迎えたインドネシア人に対し、今村は父性愛に近い感情をおぼえたのだった。そしてそのことが、四ヵ月後の今村とスカルノとの接触の伏線となった。

スカルノの帰還

追放の地スマトラ、ベンクルにいたそのスカルノは、オランダが降伏した一九四二年三月九日には西スマトラの港市パダンに移っていた。スマトラはジャワと異なり南方軍第二十五軍（初代司令官飯田祥二郎中将）の管轄下に置かれ、西スマトラの州都ブキティンギに軍司令部が設置された。スカルノの『自伝』は、彼が日本軍の「ブキッチンギ軍司令官」（実際は西海岸州州長官）藤山三郎大佐の「懇願」（この点を『自伝』は強調）に応じブキティンギを訪れ、日本軍への協力約束と引きかえに独立の準備を決意するにいたった「歴史的な会見」の経緯に言及している。

このときのスカルノの日本軍に対する対応が、戦後連合国とくにオランダによって、そしてまた政敵となるシャフリルらにより「強制的同意」を求められたというよりも「進んで同意」したと解釈され、対日協力者として非難される要因となった（C. L. M. Penders, *The Life and Times of Sukarno*）。なお付言するならば、スカルノに対する「対日協力者」との政敵による批判は、再植民地化を企図するオランダへの独立闘争が勃発するとともに自然に消えていった。初代大統領に対するそうした烙印《らくいん》は、敵国オランダを利する結果になると考えられたからであった。

一九四二年七月九日、スカルノと妻インギットら家族はパダンから海路ジャカルタ（旧バタヴィア）に到着した。二日後の『赤道報』は、「スカルノ氏帰る！　流刑十年皇軍に救はれたインドネシア民衆の父」との大見出しの下、こう報じた。

……国民運動に打ち込んだのが祟《たた》つて、十年余に亘《わた》る流刑生活を続けてゐたが、皇軍のスマトラ制圧によつて解放され、皇軍への協力とインドネシア民衆の期待に応《こた》へるべく帰島したもので、民衆を前に演説すれば穏やかな性格は一変し、眼光爛々として雄弁が迸《ほとば》しり出るといふ熱血漢である。

ほぼ八年振りのジャワ帰還の翌日、スカルノは第十六軍今村均軍司令官とその後三年間の彼の〝対日協力〟を方向づける重要な会見を行う。まず両者が、相手に対しどのような第一印象を抱いたかをみておきたい。今村は、スカルノをこう評した。

熱狂人などとは見えない温厚、上品な顔つき、平静な言葉つきである。しかし、さすがに永い牢獄生活にさいなまれた苦しみの顔の皺は、どこかにこの志士の闘志をあらわしている。（『私記、一軍人六十年の哀歓』）

他方、今村との会談前夜は「興奮してまんじりともしなかった」というスカルノは、かつての蘭印総督府（現在は大統領官邸）に元政治犯たる自分を迎えた一五歳年長のジャワの日本軍最高指揮官をこう評した。

今村大将は本当の侍だった。ほっそりした中背で、紳士的で、丁重で、気品があった……彼の姿勢はまっすぐだった。

立場こそ異なるものの初対面である種の「信頼感」を確認しあったこの会見は、とりわけスカルノの政治生活にとって大きな意味を有した。彼の『自伝』によって、今村の言葉を再現しておこう。

私は遠征（派遣）軍の一司令官です。貴国がわが国の保護のもとに、高度な自治権が与えられるのか、あるいは日本との連邦の一構成国として自由が与えられるのか、あるいはまた、完全に独立をした主権国家になるのかは、一人天皇陛下ご自身が決定（傍点引用者）されるのであって、私はあなた方にどんな形で自由になるのか、はっきりした約束をすることはできません。そんな決定は、戦争終結の前になされるものではないでしょう。しかしながら、われわれはあなた方の目的や条件、そしてそれらがわれわれのそれと一致しているということをよく承知しております。

他方、今村均の『私記』は、「インドネシアの将来」に関し「一人天皇陛下ご自身が決定される」と今村が述べたとするスカルノと異なり、「これ等は日本政府が直接インドネシヤの指導階級と、協議決定するもので、私にはそのようなことに容喙《ようかい》する何等の権限が与えられていません」と述べている。この点に関しては、当時の時代状況、軍の立場、そして何よりも日本とインドネシアの力関係を考えるならば、スカルノ証言の方が真実により近いのではなかろうか。またスカルノにとっては、日本の強大化の〝源泉〟とみなされた「天皇陛下」という言葉が、消し難い衝撃をともなって心に刻まれたのではなかろうか。

ハッタの選択

同じ七月一〇日の夜、スカルノは彼より一足早くジャカルタ帰還を許されていた僚友ハッタに対し、「いつの日か、われわれが勝利し独立を宣言するその日のために、彼らの手に統治の手綱を握らしておくのだ」という表現で対日協力の方針を伝達した。先述したようにハッタは、開戦前夜に書いた論文で民主主義防衛のためには「生き恥をさらして生きるよりも理想に殉じて死んだ方がましである」と述べ、日本への抵抗の姿勢を鮮明にしていた。

しかしながら、日本軍占領前のハッタのこうした戦闘的民主主義観とは異なり、彼は日本軍政の開始とともに戦術を根本的に変更せざるを得なかった。そうした選択は彼には文字通り苦渋にみちた決断であったと思われるが、「白人優位の神話」を一撃の下に打破した強大な日本の軍事力を目のあたりにしては、「生き恥をさらし」つつ現実的な態度で日本軍に臨むしかなかった。ハッタの場合は、この論文が共産主義的だとみなされ、軍政開始とともに憲兵隊ににらまれる一因となった。そして後述する一九四三年秋の訪日から戻るまで、ハッタはたえず暗殺の対象となったことは広く知られている。

日本軍政期を通じハッタとの連絡役をつとめた軍政監部総務部の三好俊吉郎（元スラバヤ副領事、オランダ語公式通訳官）は、後年の「ジャワ占領軍政回顧録(7)」（『国際問題』一九六五年）でハッタからの直話をこう紹介している。

日本軍の占領下で地下運動は絶対に不可能であり、強いてそれを行うことは犬死となり独立の悲願を自ら放棄することになると結論し、いったん誓った決意を守りつつ良心に反しない限り日本軍に協力し、一般住民の保護者となり適当な機会に日本軍に対し、民族的要望を貫くよう努力するとの決心をした、というのである。

旧慣制度調査委員会

同床異夢

軍政開始の直後から民族主義運動を封印した日本軍当局であったが、軍政の三大目的とされた治安維持、重要資源の獲得、現地自活を達成する上でインドネシア人の「民心の把握とその協力指導には有力な民族の要人を利用することが絶対に必要」(『三好回顧録』(6))であると認識された。その「要人を利用」するうえで最高指揮官今村均と元「政治犯」スカルノとの前述の会談は、本格的な協力メカニズムを築くための象徴的な起点となった。

スカルノら民族主義者の側からみれば、協力態勢を築くことは大きな制約下ではあったが日本軍のお墨付きの下で、オランダ植民地時代には予想できなかったある種の「行動の自由」を獲得することを意味した。結論的にいうならば、独立後のインドネシアで日本軍政期が回顧されるときしばしば指摘されるように、日本側が民族主義者を利用することによって得た統治上の利益と同じくらい、あるいはそれ以上に民族主義者側も対日協力から利益を引き出したのだった。こうした両者の相互補完性は、もちろん本質的には同床異夢的な性格のものであった。

林久治郎とスカルノ

スカルノは爾後三年余にわたり民族主義者中の第一人者として日本軍政当局から認知され、旧慣制度調査委員会・民衆総力結集運動《プートラ》・中央参議院・ジャワ奉公会等の機関で指導的な役割を演じることになった。この間のスカルノの活動については内外の諸研究で紹介されているのでここでは詳細には入らないが、以下では筆者が最近利用し得た「旧慣制度調査委員会議事録」によりつつ、若干の問題を整理しておきたい。

ジャワの日本軍政当局がはじめての諮問機関（軍政監に直属）としてまたインドネシア側要人との定期的な意見交換の場として旧慣制度調査委員会を発足させたのは一九四二年一一月八日のことであり、その第一回会合は同月二八日に開催された。この委員会は、植民地台湾や朝鮮に設けられた類似の組織と同じ性格をもつものであり、ジャワの社会・経済・文化・政治の制度や住民の行動様式を調査研究し、日本の占領政策に反映させることを目的としていた。その委員長には後述する軍政顧問の林久治郎《きゆうじろう》が任命され、委員として日本人一三名、スカルノ、ハッタらインドネシア人一〇名が任命された。

「旧慣制度調査委員会議事録」(初回から一九四三年五月二五日の第一六回会合まで全七二四ページ)をひもとくと、占領下とはいえインドネシア側委員が比較的自由かつ率直に所見を述べているのが印象的である。その理由としては、まだ戦局が危機的状況に陥っていなかったこと、あるいは軍政の方向を模索するうえでトップクラスのインドネシア側知識人に対する期待が少なからずあったことなどがあげられよう。また毎回の会合にはインドネシア語ないしオランダ語に通じた日本人幹事が出席しているが、その顔触れは谷口五郎(元『東印度日報』主筆)、市来《いちき》竜夫(元『日蘭商業新聞』記者)、竹中均(元スラバヤ副領事)、あるいは清水斉(軍政監部宣伝課長)といった民族主義運動にも一定の知識と理解をもった軍属であった。

スカルノらインドネシア側委員の発言を検討する前に、ここではまず調査委員会の長をつとめた軍政顧問林久治郎について一言触れておきたい(詳細は拙稿「戦間期日本のアジア外交と林久治郎」『アジア太平洋討究』創刊号、二〇〇〇年)。林久治郎は早稲田大学を卒業後一九〇七年に外務省入りするが、その同期には吉田茂、広田弘毅《こうき》らがいた。林は、一九三六年にブラジル大使を最後に退官するまでの外交官生活の大半を中国との関わりで過ごした。吉田茂の後任総領事として奉天にあった一九三一年秋には満州事変に遭遇している。この間林は一貫して「外交一元化」論を唱え、軍部の外交介入に対し批判的姿勢を貫いたことは、その遺稿ともいうべき回顧録『満州事変と奉天総領事』に明らかである。

その「回顧録」において林久治郎は、中国での軍部（関東軍）との葛藤という苦い体験をふまえこう提言している。

又何時《いつ》も乍《なが》ら思うことであるが、海外に出兵をする場合には必ず有力な外交官を一人附属せしめなければならない。然《しか》して軍司令官の最高顧問として相当の発言権を持たせなければ、外交上非常に重大な悔いを残すことになるということを痛切に感じさせられた。

こう提言していた林が、インドネシアにおける日本軍政開始の直後、財団法人南洋協会理事長という当時の肩書きもあってか、児玉秀雄（元内相）、北島謙次郎（元南洋庁長官）とともに第十六軍軍政顧問に任じられることになった。「軍司令官の最高顧問として相当の発言権を持」つべきとの林の持論にもかかわらず、占領地ジャワにおける林の実質的な権限はきわめて限られたものであったことが、初代軍政監岡崎清三郎の次の回想からもうかがえる。

私は林に相談することは、普通ありませんでしたし、相談した時は、すでに私の心は決まっているときでした。(G・S・カナヘレ『日本軍政とインドネシア独立』)

しかしながら、軍政顧問という〝いかめしい〟肩書にもかかわらず実質的な権限を付与されていなかったことが、逆に林にある意味の自由な行動を可能にした。こうして林は、スカルノ、ハッタら独立運動上の「戦略」として日本に協力した民族主義指導者とも日常的に接触し得たのだった。外務省の後輩で軍政当局のオランダ語通訳官であった三好俊吉郎は、スカルノらが独立への熱望を「林顧問その他を通じ機会あるごとに哀訴していた」と指摘するとともに、一九四三年五月青木一男大東亜相が占領地視察に来た際、彼に対し民族主義指導者との会合のお膳立てをしたのも林であったと回顧している。

その林久治郎を委員長とする旧慣制度調査委員会は、きわめて多岐にわたる諸問題を精力的に討議しているが、ここではスカルノの発言のなかから従来あまり知られていなかった言語と食生活に関わる議論を紹介しておきたい。なお林はお飾り的な委員長というよりも、ほとんどすべての会合で議論を実質的に指導していることが「議事録」から明らかである。

また大勢の民衆に向けてそのカリスマ性と雄弁で訴えることを得意とする大衆政治家型のスカルノは、特定のテーマに焦点を定め学問的な検討を加えながら論を進めるこの委員会では〝華々しい〟発言でほかの委員を圧倒する機会は少なく、ハッタら理論派の論客に押され気味であったことも「議事録」からうかがえて興味深い。

言語問題とインドネシア語

旧慣制度調査委員会が第一の議題として取り上げたのは、深刻化する失業問題、ついで教育問題なかんずく「文盲撲滅」問題であった。後者については、林委員長をはじめ日本側がマレー語（インドネシア語）を主言語とするべきと強く主張したのに対し、インドネシア側の委員全員はまず地方語、次の段階で「インドネシヤ語」と提案していることが印象的である。

たとえば林久治郎は、第八回会合（一九四三年二月二五日）の冒頭「教育上出来ルダケ言語ノ統一ト云フコトガ必要」だと述べ、議論の口火を切った。これに対し「原住民」高級官僚出身のP・A・フセイン・ジャヤディニングラットは、「文盲者撲滅ヲ行フニ当リ中介《ママ》語トシテ地方語ヲ用フルベキカ、インドネシヤ語ヲ用フルベキカ、トヒフ問題ハ、私ニ言ハセレバ、至極明瞭デアリマシテ、ソレハ地方語ヲ以ツテ第一トシマス」と断言したうえで、一握りの知識階級を除くとインドネシア語はいまだ外国語同然であり、その学習にはきわめて大きな困難が伴うとの見解を示した。さらにジャヤディニングラットは、地方語を除去しようとする措置は、各地方（彼は西ジャワの名門貴族出身）の「文化及精神ヲ破壊」するものだとまで主張した。

スカルノの民族教育思想にも大きな影響を与えたK・H・デワントロ（旧名スワルディ・スルヤニングラット）も、将来的にはインドネシア語を統一言語にすることは政治的にも不可欠だとしながらも、「文化的ニハ各地方ガ文化ヲ堅持シテヰル地方語ノ必要性」を強調した。

このようにインドネシア側委員から相次いで地方語の重要性が指摘されたことに対し、日本側委員の上原訓蔵が異をはさんだ。上原は一九一六年に東京外国語学校（現大学）を卒業後母校教授となり、ついで陸軍で教鞭をとった日本におけるマレー語研究の先駆けの一人であるが、そうした自負もあってか、こう反論した。

私ハ総《すべ》テノ印度ネシア側委員ガ初歩教育ニ当リ用語ハ地方語デヤラネバナラヌト述ベテヰルノヲ聞キ一驚シテヰル……私ノ考ヘヲ云ヒマスト標準語トシテトリ上ゲラレルモノハ、印度ネシア語ダケデアリ、地方語ニ至ツテハ各自ノ家庭デ教ヘラレルダケデ結構デアリマス。

日本側には、占領地行政の必要上オランダ語に代わる公用語として何とかマレー語を近代的な言語として整備発展させたいとの現実的な要請があった。また委員会のなかには戦前の『日蘭商業新聞』記者市来竜夫のようにインドネシアの民族主義運動に深く共鳴し、インドネシア語こそ独立後の国語であるべきと心底から考える日本人もいた。その市来は一九四四年一一月、ジャワ新聞社（朝日新聞が軍の委託で経営）が刊行する『新ジャワ』誌に「独立と言語」と題した一文を寄せているが、そこでは「インドネシア語こそは、啻《ただ》に旧東印度地域内のみならず、地理学上乃至《ないし》は民俗学上より謂《い》ふ、南方インドネシア圏内の、将来の標準語」であると力説している（後藤乾一『火の海の墓標』）。

一九二八年の第二回インドネシア青年会議で採択された「青年の誓い」に象徴されるように、民族主義運動のなかでインドネシア語の占める比重はきわめて高いものであった。その一方、旧慣制度調査委員会で表明されたインドネシア側委員――その大部分は各界の有力指導者である年長のジャワ人知識人ということにもよるが――の地方語（ここでは主にジャワ語・スンダ語）重視論は、インドネシアの言語問題の複合性をみるうえで大変興味深いものがある。

言語・教育問題をめぐる一連の議論の流れのなかでスカルノは、年長の同僚と同じ立場をとった。スカルノは文盲撲滅のために使用すべき言語は「最初ノ段階ハ地方語デアリ、次ノ段階ヲインドネシヤ語」と位置づけ、ついでデワントロを支持する形で「民族ヲ統一シヨウトスル問題ハ……普遍的言語ヲ持ツコトノミガ民族ノ統一ヲ完成サセル道デハアリマセン」と結論づけた。

三時間に及んだその日の討議を閉じるにあたり林久治郎は、双方の間に見解の一致はみられなかったが、それは「実際カライフト皆如何ニ『インドネシヤ』ノ住民及ビ子弟ノ教育、向上ヲ図ラウカトイフ熱望」のあらわれゆえであり、「動機ニ於テ少シノ差異モナイ」と満足の意を表した。そのうえで林は、ジャワ人委員が指摘するようにインドネシア語の普及率が一割にも達しないのが現実であるとするならば、「地方語ヲ教へナケレバ役ニ立タナイト云フコトモ誠ニ無理カラヌコトト思ヒマス」と柔軟な対応を示した。

なお軍政当局（軍政監部文教局）は、旧慣制度調査委員会の発足に先立つ一九四二年一〇月二二日にインドネシア語整備委員会という組織を設立した。その名が示すようにこの委員会は、マレー語を近代的な文法の下にインドネシア語へと発展させることを目的とし、委員にはS・T・アリシャバナ、サヌシ・パネ、パラダ・ハラハップら代表者的な文学者やジャーナリストが選ばれた。旧慣制度調査委員会が年長の、かつジャワ出身の知識人を軸に構成されたのに対し、このインドネシア語整備委員会はアリシャバナに代表されるように、一回り年若のそしてスマトラ出身の知識人が指導的な役割を果たした。いうまでもなく、スマトラ出身者にとっては、マレー語が自分たちの母語にはるかに近いという言語文化的な背景があった。結局その後の日本軍政の展開のなかで公用語として体系化が進んだインドネシア語は、しだいに重要な地位を占めるようになった。

ハワイ出身のアメリカ人歴史研究者G・S・カナヘレが「日本は、インドネシアを行政的には分割したが、言語文化的には統一した」と指摘するのも、アリシャバナを中心とするインドネシア語整備委員会に対する高い評価を示すものであった（『日本軍政とインドネシア独立』）。ただこの点との関連で留意すべきは、独立後のインドネシア語の発展を日本軍政の施策の結果だと単線的に理解するのではなく、「青年の誓い」に象徴される民族語＝インドネシア語の確立に向けての民族主義運動の長年の努力を正当に評価することである。

豚肉食用論をめぐって

旧慣制度調査委員会の第一四回会合（一九四三年五月五日）は、困窮の度をますインドネシア人の食糧問題をめぐり熱のこもった議論を展開した。日本側松浦光信委員（バンドゥン防疫研究所長）がジャワ各地に蔓延している栄養失調を救済する一策として豚食の必要性を提起したことが、大きな波紋をインドネシア側に巻き起こした。松浦は、非常時における「人類ノ福祉増進ト言フ聖業達成」のためには「豚ヲ嫌フ観念ヲ一掃スルコトガ宗教理想ト合致スルノデハアルマイカ」と口火を切った。

この松浦発言に真っ先に反応したのがスカルノであった。彼はまず養豚そのものを「心カラ惧《おそ》レルノデアリマス」と明言し、その理由としてたとえそれにより食糧問題が解決できたとしても、それ以上の不幸を招くことになると注意を喚起する。それはいうまでもなく、ジャワ住民の八割以上がムスリムであり、戒律において豚食を禁じられているからであった。したがって自分が率いる民衆総力結集運動《プートラ》が大々的に豚食を宣伝するなら、民衆の心は瞬時としてプートラから離反するだろうと警告した。スカルノは、そうした事態は日本の軍政にも決定的に不利になることを示唆したのだった。

スカルノは養豚や豚食に代わる食糧問題の解決策として、米・とうもろこしの増産、そして漁業の大々的な奨励を提案した。とくに米の増産についてスカルノは、プートラが全力をあげて——すなわち自分が指導力を発揮して——取り組むとの決意を披瀝《ひれき》し、こう訴えた。

「プートラ」ハ常ニ全力ヲ挙ゲテ当局ニ協力シ、而《しか》シテ凡《あら》ユル国民ノ生活ノ中ニ於ケル国難ヲ除去シテ大東亜戦争ノ崇高ナ理想達成ノ為ニハ二十四時間働ケト命ゼラレテモ躊躇スルモノデハナイノデアリマスガ、然《しか》シ乍《なが》ラ松浦委員ノ御話ノ様ナ豚ノ飼育ダケハ是非勘弁シテ戴キタイ、其ノ代リ「プートラ」ハ米ノ増産、「ジャゴン」（とうもろこし）ノ栽培、漁業ノ奨励、是ハ全力ヲ挙ゲテ此ノ問題ヲ解決スル為ニ軍政当局ニ協力シテ飽ク迄戦ツテ行キタイト決心シテ居ルノデアリマス……。

この「論争」から六〇年近くを経た二〇〇〇年暮、インドネシア社会は「味の素事件」をめぐって世論が湧き立った。インドネシア人の食生活に不可欠の調味料となっていた味の素が、製造初期段階で豚の酵素を使っていたとの報道に端を発し、現地法人の日本人社長が一時逮捕されるという事態にまで発展した。多くのインドネシア人にとって、豚肉・豚食は今なおタブーであることをいみじくも示した事件であった。

日本軍政への期待と失望

独立への熱望

軍政開始直後に日本側が「独立」問題を棚上げしたことは、日本の統治そのものが旧蘭領東インドをジャワ、スマトラ、それ以外の地域に三分割したこととあいまち、「独立」と「統一」を不可分視した民族主義者に大きな対日不信を植えつけた。それにもかかわらず、スカルノにとってもまたハッタにとっても、日本軍政に当面協力することは、宿願としたインドネシアの独立と統一に近づくための不可避の手段であると認識された。

事実、軍政の「上意下達」を表向きの目的とする政治活動において、スカルノらはオランダ時代には考えられなかった民衆との広範な接触が可能となった。こうした機会を利用してスカルノは天賦の雄弁で、そしてハッタは諄々《じゅんじゅん》と説く口調で「大東亜戦争」の勝利に向け日本への協力を民衆に呼びかけ、この戦争の勝利こそが独立に直結する黄金の橋であることを巧みに訴えるのだった。

たとえば開戦一周年を記念して（毎年一二月八日は大詔奉載日と称された）ジャカルタで開かれた大衆集会において、ハッタはこう力説した（Hatta, *op. cit.*）。

インドネシアは日本によってオランダ帝国主義から解放された。われわれは二度と、外国に支配されることを欲しない。老いも若きもそのことを鋭く感じている。インドネシア青年にとっては、再び外国の植民地支配を受けるよりも海の藻屑となった方がましである。（傍点引用者）

聴き手であるインドネシア人には、ハッタの真意は日本への感謝にあるのではなく、日本をふくめたいかなる外国による支配への拒否であると容易に感じとることができた。

また後述する一九四四年九月の「小磯（首相）声明」による「独立」約束に対するスカルノの発言をみてみよう。ここでもスカルノは、日本側へ謝意を表明する形をとりつつ自らの闘争精神と闘争能力こそが独立達成の大前提であると訴える（前掲「感銘と誓ひ」）。

十回、百回、あるいは千回独立を約束されようとも、若《も》し我々が自ら闘はず、而《しか》して自ら独立するだけの実力を有することなくしては、我々は決して独立を具現し得ないであらう。大日本は我々のために、理想の大道への扉を開いてくれたのだ。之《これ》に対して我々は無限の感謝を表明する。併《しか》しこの開かれた扉より出て自ら大道を進まない限り、折角開かれた扉も遂《つい》に何等の意義を有さない。而《しか》して一民族、否《いな》、一個の人間と雖《いえど》も、自ら進まんとする意欲無くしては、絶対に進むことは不可能である……ある民族が独立に対して火の如《ごと》き精神と意欲を有する場合、千人の天界の仙人とも雖も、その民族の独立を阻止するを得ない！

失望と怒り

日本軍政に対し、生産増強運動、米の供出さらには労働力（ロームシャ）徴用等々あらゆる面で〝骨身を惜しまず〟協力してきたと自負するスカルノにとって、東京の日本政府から独立についてのなんらの示唆も与えられなかったことは、内心大きな不満であった。そうしたなかで一九四三年一月二八日、第八一回帝国議会において東条英機首相は、日本が「絶対不敗の戦略的優勢な地位を確保」していることを闡明《せんめい》するとともに、開戦直後からの基本方針であったビルマとフィリピンに対する独立供与の方針を改めて明示した。

この声明はビルマ、フィリピン両国をはじめ「大東亜共栄圏」各地で鳴物入りで報道された。ジャワでも軍政当局の肝いりで発刊されていた日刊紙『アシア・ラヤ』（大アジア、の意）がビルマにおける民衆の熱狂的な感激ぶりを大きく報道した。しかしながらジャワ（インドネシア）独立について一言の言及もなかったこの東条演説は、スカルノらにとってまさに青天の霹靂《へきれき》であった。日常的に軍政当局と民族主義者とのパイプ役をつとめていた三好俊吉郎は、スカルノとハッタが事情説明を求めに来たときの両者の「失望落胆悲観」の深さを書きしるしている。「熱血慷慨家《こうがいか》」のスカルノは「涙を浮かべて」「嗚咽《おえつ》しながら」こう訴えた（「ジャワ占領軍政回顧録(9)」）。

……日本軍がわれわれをオランダの圧制から解放されたことに感謝している。われわれのこの感謝の熱誠は今日までの日本軍に対する協力の事実に現れていると思う……しかるに今回の東条声明はインドネシア民族の頭上に打ち下ろされた鉄鎚《てっつい》である。われわれは独立の許容はまずインドネシア民族に第一番に与えられるものと率直に信じていた。如何なる理由でインドネシアは全く顧られないのか理解できない。何故ビルマが本年中に独立を許されフィリピンがその次に認められるのか。インドネシアは全く名さえ忘れられている。

また「日頃思慮深く興奮しない冷静」なハッタも、怒りを露《あらわ》に同世代の三好にこう迫った。

われわれインドネシア民族はいっさい個人的欲求も理解も犠牲にしてひたすら民族の独立、自由のために闘ってきたのである。もしこのうえ民族としての独立が得られず苦しむくらいならば、民族全部が津波に洗いさらわれ溺れ死んだ方がましである。また最も不愉快なことは、インドネシアには何の関係もなく、しかもインドネシアに最も不愉快な侮辱と刺激を与える今回の声明を何故インドネシアでラジオや新聞で大々的に発表されたかということである。

東条首相のジャワ訪問

三好俊吉郎をして「この日ほど、容貌といい言動といいまた態度といい哀愁にあふれかつ厳粛な二人を見たことはない」といわせたインドネシア民族指導者の失望と怒りにもかかわらず、日本政府の基本方針は変更されることがなかった。そして同年五月三一日の御前《ごぜん》会議は、「大東亜政略指導大綱」を策定し、上記の方針を正式に確認した。ここではジャワをはじめ旧蘭領東インド全域、そしてマラヤは「帝国ノ永久確保」すべき地域、すなわち事実上の植民地として位置づけられた（ただしこの点は「当分発表セス」と規定された）。

御前会議の席上東条首相は、これら地域は「民度低クシテ独立ノ能力乏シク且《か》ツ大東亜防衛ノ為帝国ニ於テ確保スルヲ必要トスル」と断言する一方、「原住民ノ民度ニ応ジ」とくにジャワにおいて民族指導者や行政官僚を政治に参与させるとの懐柔政策を打ち出した。この「政治参与」とは、中央や地方の行政や諮問会議体（中央参議院、州参議会等）へインドネシア人を積極的に登用することを意味した。この方針は、「南方共栄圏」の要《かなめ》であるインドネシアに独立は認めないが、軍政の円滑な遂行のためには彼らの協力が不可欠との認識から出たものであった。

東条首相は「大東亜政略指導大綱」で定められた基本方針を南方各地域の日本軍政当局に示達し、同時に現地指導者と会談すべく、一九四三年六月三〇日から約二週間南方占領地の視察（バンコク、シンガポール、ジャカルタ、マニラの順）に赴いた。この視察に先立ち東条は、五月初旬「独立」の方針をフィリピン側に直接伝えるべく三日間マニラを訪問した。これは日本の歴代首相として、最初の東南アジア訪問であった。

日中戦争の引き金となった「盧溝橋《ろこうきょう》事件」発生六周年にあたる七月七日にジャカルタ入りした東条首相一行（随員として佐藤賢了陸軍省軍務局長、山本熊一大東亜省次官、上村伸一外務省政務局長ら）は、同日夕大群衆の「歓呼」で埋まるガンビル駅前広場での「政治参与」に対する「民衆感謝大会」に出席した。席上東条首相は「インドネシア人も華僑も印度人も、その他大東亜の諸地域にある各住民は悉《ことごと》く一大家族である」と日本を後見役とするお得意の「大東亜一家」論を展開した。そして東条は、彼らが「鉄壁の団結をもって心より皇軍に協力し新ジャワ建設」に邁進《まいしん》していることに謝意を表した後、こう檄《げき》をとばした（『朝日新聞』一九四三年七月一三日）。

帝国は開戦以来獲得せる大東亜における必勝の態勢の下に大東亜各国家、各民族の中核となってこれら大家族を米英蘭の桎梏《しっこく》より解放する大戦争を戦っているのである……ジャワは今次大東亜戦争において最も重要な位置をしめ、諸君の奮闘如何は戦局の上に重大なる影響を齎《もたら》すものである……余は諸君がよろしく帝国の精神を体し、現地軍の指導の下に戮力《りくりょく》協心、政治経済文化をあげ大東亜戦争完遂《かんすい》の一点に集中、新ジャワの建設に全民衆打って一丸となり、渾身《こんしん》の努力を致さんことを切望してやまない……。

「手土産」への期待

大日本帝国の首相とはじめて会ったスカルノは、インドネシア側を代表し東条来島をインドネシア民族に対する愛情からでたものだと讃えつつ、こう熱弁をふるった（*Asia Raya*, July 8, 1943）。

日本が遂行しているこの大東亜戦争はアジアをアジア民族に返すための、アジアの国々をその人民に返すための、そして大日本の指導下、家族的紐帯と共栄のなかで大東亜の諸国を編成するための聖戦である。それゆえに大東亜戦争はわれわれの戦争でもあるのだ。われわれは、最後の勝利が間近いことも確信しつつすべての力、精神をこの戦争に注ごうではないか。それを通じて、インドネシア民族の地位はますます完全なものとなり、かくして最終的にわれわれが熱望していたものがわれわれの手に入るのだ。

対日協力を通じての独立達成を構想していたスカルノらには、東条から「政治参与」以上の具体的な「手土産」があるのではと内心ひそかな期待があった。というのも東条は最初の訪問地バンコクで、マラヤの北部四州とビルマ領内のシャンステートの二自治領を新たにタイ国へ編入するとの約束をピブン首相に与えたばかりであった。

しかしながら、この期待ははずれ、また東条首相から将来の帰属についてのなんらの具体的発言もなかった。とはいうものの、スカルノは「大東亜の盟主」日本の最高権力者がはるばる来訪したことについては、率直に歓迎の意を表したのだった。なお東条の随員の一人佐藤賢了軍務局長は、インドネシア側に独立の言質《げんち》を与えなかったのは彼らの民度が低く経済も遅れているので、「独立をさせてうまくやっていけそうもない」と判断したからだと述べている。さらに佐藤は、インドネシアは石油、ゴム等戦略物資の「世界的宝庫」であるので、ここを「日本の生命線」として「しっかり日本がにぎっていなければならない」と当時認識していたと回顧している（『大東亜戦争回顧録』）。

東条首相の南方視察から四ヵ月を経た一九四三年一一月五・六日、東京で大東亜会議が開催された。「大東亜」各地の六「独立」国家の首脳（「満州国」張景恵首相、中華民国汪兆銘主席、タイ国ワンワイタヤコーン殿下、フィリピン大統領ホセ・ラウレル、ビルマ首相バ・モオ）、そしてオブザーバーとして自由インド仮政府主席チャンドラ・ボースが東条の招きで来日した。会議最終日に採択された「大東亜共同宣言」は、日本の盟主性を想起させる「大東亜共栄圏」という語の使用を注意深く避けつつ、「共存共栄の秩序の建設、自主独立の相互尊重、人種的差別の撤廃」を共通の戦争目的として謳い上げた。

訪日から独立へ

スカルノらの訪日

大東亜会議は「人種差別の撤廃」を強調しアジア諸民族の結集を呼びかけたものの、日本の植民地台湾・朝鮮はもちろん、東南アジアの総人口の六割余を占めるインドネシア、マラヤ、仏印は除外されるという根本的欠陥をもっていた。「政治参与」は許されていたものの、インドネシアは「独立」国ではないとの理由で招待されなかった。スカルノはそのことへの不満を公的に表明することはなかったものの、三好俊吉郎には自分たちが無視されたことに対し、スカルノらが「内心極めて不快に感じていたことは彼らの態度や口吻から察知された」。そのスカルノ、ハッタそしてイスラム界の長老キ・バグス・ハディクスモの三人の指導者は、大東亜会議閉会直後の一一月一三日から三週間近く日本に招かれることになった。「政治参与」を認められたことに対する謝意を表するためというのが、表向きの訪日理由であった。

当時の日本の新聞は、「〔彼ら三人は〕原住民の感謝を吐露し、深甚なる感謝の意を捧げるとともに、この感激の下全住民の一致団結、大東亜戦争の固き決意を表明せんとするものなり」と大々的に報じた（『朝日新聞』一九四三年一一月一四日）。スカルノら三人がマカッサル、台北、マニラで各一泊し羽田飛行場に着いたのは、一三日午後三時四〇分であった。それは、大東亜会議招待者のうち最後に帰国の途に上ったラウレルがマニラに向けて離陸した七時間後のことだった。日本側は、ジャワ代表が「独立」国首脳と鉢合わせしないよう周到な〝配慮〟の下にそのようなお膳立てをしたのだった。

ジャカルタから寺田喜市（外務省本属）とともに一行に帯同した三好俊吉郎は、途中一泊したマニラで「日本人には想像もできない劇的なシーンを体験」した。マニラ市内は「独立」達成直後でいたる所に祝賀の余韻が残っており、各家庭には真新しい国旗が掲げられていた。三好は、この光景を見たスカルノが「感動し、狂人のように顔中涙を流しながら大声をあげて号泣した。独立の志士リサールの銅像に参詣した時にも、何とも知れぬ祈りのような叫びをあげていた……」と追想している（「ジャワ占領軍政回顧録(10)」）。

「大東亜共栄圏」内の「独立」国指導者がはじめて一堂に会した大東亜会議の直後ということもあり、ジャワからの三名の指導者の来日は日本の各紙で好意的な筆致で報じられた。彼らの横顔については「東印度の太陽」「純情、熱血の政治指導者」スカルノ、「頭脳明晰で知識階級の指導者」ハッタ、そして「回教徒の信頼厚き宗教指導者」ハディクスモと紹介され、「三人揃ひの黒いピッチ帽がいかにも印象的に南方のお客様を思はせる」と紹介された（『朝日新聞』一一月一四日）。

天皇とスカルノ

スカルノらは滞京中、準国賓として帝国ホテルを宿舎にあてがわれ、その間靖国神社・明治神宮への〝型通り〟の参拝、東条首相・陸相（東条兼務）・海相・外相・大東亜相ら政府・軍の要人との会談のほか、軍港横須賀・内原訓練所・名古屋・伊勢・奈良・京都・大阪・九州等の名所旧跡も訪れ、「銃後の日本人の生活視察」を精力的にこなした。一六日には皇居に参内したが、それに先立ちスカルノに勲二等瑞宝章、ハッタとハディクスモには勲三等瑞宝章が叙された。ハッタはジャワの憲兵隊から共産主義者とにらまれ再三暗殺の対象となっていたが、この叙勲によって爾後《じご》物理的抹殺の脅威から免れることになった。

豊富な滞欧経験をもつハッタと異なり、スカルノは男盛りの四二歳までインドネシアの外に出たことは一度もなかった。そうしたスカルノにとっては「大東亜の盟主」日本で神と崇《あが》められていた天皇から叙勲をうけたことは、格別の思い出となった。この天皇からの叙勲に「恐懼《きょうく》感激」したスカルノは、「帰国の上は粉骨砕身ジャワ四千万民衆の指導の任に当り以て今次戦争完遂の協力に邁進《まいしん》し聖恩の万分の一に応へ奉る覚悟」であると表明した（『朝日新聞』一一月一四日）。

戦後、日本・インドネシア賠償交渉が始まってまもない一九五三年三月四日ジャカルタを初訪問した岡崎勝男外相に対し、大統領となっていたスカルノは「戦時中訪日した時の皇室の御殊《ママ》遇初め日本の朝野から受けた厚遇は一生忘れることが出来ない、是非一度又貴国を訪問したい」と率直に語っている（外務省外交史料館資料）。さらに翌年一月一一日、来訪した倭島英二公使に対し「自分は誰よりも日本に好意を持っていることは御承知の通り」と語りかけている。これらは単なる外交上のリップサービスではなく、スカルノの偽らざる気持ちであった。

ところで興味深いことに、スカルノもハッタもその回想録のなかで、皇居参内《さんだい》の場面を詳しく記述し、とくに天皇が二人に握手を求めたことの意味を真剣に詮索している。二人は帰国後、軍政監部宣伝課長清水斉から、それは日本政府当局にインドネシアへ独立を認める意図があることを示す吉兆だといわれ安堵《あんど》している。

しかしながら、東条首相はスカルノらとは二回目の会見ということもあり「御三方に対し余は洵《まこと》に親しみを感ずるものなり。大和民族の我々と少しも違はず、一見却《かえ》つて、人品も良き感なきにしもあらず（爆笑）」（『東條内閣総理大臣機密記録』）と上機嫌で接したものの、肝心の独立問題に対しては、固い態度に終始した。

三好回想録によれば、スカルノらは、⑴インドネシアを三地域に分割するのではなく一元的単位として認め、そのうえでビルマ、フィリピンと同様の「独立」を認めてほしい、⑵紅白民族旗（現在の国旗）、民族歌インドネシア・ラヤ（現在の国歌）を認めてほしい、と懇請した。これに対し東条は、「民族的要望は十分諒解している……戦勝完遂後適当の時期に必ず諸君の要望にかなうようにするから、ぜひ日本政府を信頼してほしい」とあいまいな返答をするのみだった。ただ民族旗と民族歌については、「許可しても差支えがあるとも考えられないので」と消極的ながらも前向きの返事を与えた。

〝つれない〟返答

こうしたささやかな〝土産〟を手に一二月三日ジャカルタに戻ったスカルノら三名は、原田熊吉軍司令官、国分新七郎参謀長（兼軍政監）ら軍政首脳に帰国報告を行い、あわせて東条から許された民族旗と民族歌の使用許可を求めた。しかしながら現地日本側は、民族主義を刺激することを警戒しこの要望を拒否し、さらに国分軍政監はこう釘をさした。

諸君は日本で非常な歓迎を受けて大いに甘えたねだりごとをしたようであるが、例《たと》えていえば日本の中央政府は祖父で現地軍は父親のようなものである。祖父は孫に対し盲目的に甘やかすが父親は子供の指導教育の責任があるから、子供の将来のために厳格な訓育を行うものである。(三好俊吉郎『ジャワ軍政回顧録(10)』)

ジャワ軍政の最高責任者である国分軍政監のこの〝つれない〟返答に、スカルノは三好の前で「指導者としての責任をとり得ないと号泣」した。民族旗と民族歌の使用という最低限の要望が軍政当局により許可されるのは、それから九ヵ月後の一九四四年九月七日、「近い将来の独立」を約束した「小磯(首相)声明」まで待たねばならなかった。

独立に向けて　一九四四年に入ると戦局は一段と悪化し、閣議は「決戦非常措置要綱」(二月二五日)を定めた。こうしたなかでジャワをはじめ「南方共栄圏」各地では、日本支配に対する反発から武力に訴えての抗日運動や蜂起がいっそう激しさをましていた。

従来、比較的「静謐《せいひつ》」と喧伝されたインドネシアでも二月下旬、西ジャワ・プリアンガン州、タシクマラヤ町（現市）の近郊シンガパルナ村でイスラム指導者キアイ・ザイナル・ムストファに率いられた農民蜂起が発生した。日本軍により短期日で鎮圧（指導者二五名処刑）されたものの、成否を度外視し手製の武器で日本軍に牙を向けたこの農民蜂起は、軍政当局に大きな衝撃を与えた。軍政当局は農村部で大きな政治的・精神的影響力をもつイスラム指導者を一般民衆との仲介役として重用してきただけに、その衝撃はなおさら深刻であった。軍政当局が「回教尊重の方針些《いささ》かも変更なし」としながらも指導者ムストファを「狂信・反回教の首魁《しゅかい》、地方民を使嗾《しそう》煽動」（『ジャワ新聞』三月七日）したとしてただちに処刑したことは、衝撃の深さを如実に示すものだった。

戦局悪化に比例するかのように急速に劣化する社会経済状況を背景に、軍政当局者のなかにはこれ以上の民心離反を防ぐには「ジャワの独立」を約束する以外に道はないとの意見が強まった。その契機となったのは、軍政顧問林久治郎がシンガパルナ事件直後の三月二〇日付で執筆した「爪哇《ジャワ》統治ニ関スル一考察」という文書である。このなかで林は、(1)「敵英米の反攻」態勢が固まりつつある今日、戦争遂行のためには南方占領地の資源を最大限に活用することが不可欠である、(2)そのためには治安確保・民心把握が必要であり、かつ現下の戦争に勝利することにより、インドネシア人自身も解放されるとの希望を持たせねばならないと説いた。そしてその帰結として林は、ジャワ（に限定）の独立を確約する以外に方途はなく、しかもそれは早ければ早いほどよい、と主張した。

こうした「ジャワ独立」構想を携えた林久治郎は、一九四四年六月二〇日から三ヵ月間一時帰国し、古巣の外務省はじめ政府首脳に「ジャワ独立」を精力的に進言した。

林久治郎の帰国は、サイパン島陥落（六月一五日）、インパール作戦失敗（七月四日）を契機に東条内閣が崩壊（七月一八日）し、小磯国昭陸軍大将が新内閣を組閣（七月二二日）する時期のことであった。

林久治郎の「ジャワ独立」構想は、現地第十六軍当局の基本的諒解を得たものであることは、彼が軍政顧問である以上当然のことであった。また当時林は、ジャワ奉公会（総裁は軍政監）の下部組織である中央奉公会議の議長（副議長はハッタ）を兼務しており、軍政初期からのスカルノ、ハッタらの独立にかける願望を知悉《ちしつ》し得る立場にあった。もちろん林の独立観は、ジャワにはすぐに独立するだけの能力はないので、「帝国指導下立派な独立国を南洋に樹立」するとの言葉が示すように、ビルマやフィリピンの「独立」と同様、日本の内面指導を前提にしてのものであった。こうした一連の流れのなかで、九月七日、小磯新首相は、第八五回帝国議会において「近い将来（日時は明示せず）のジャワ独立」

を公表した。

独立宣言

インドネシア（旧蘭領東インド）全域が対象ではなかったこと、具体的な独立時期が提示されなかったこと等大きな不満があったものの、スカルノらにとっては「小磯声明」は一歩前進と受け止められた。とくに民族旗と民族歌がようやく認められたことは、特別の感慨をスカルノに与えた。『新ジャワ』（一九四四年一一月号）に「感銘と誓ひ」と題した論文を寄稿したスカルノは、こう述べた。

『赤白』の民族旗が最初にジャカルタの奉公広場において碧空高く掲げられた時、我々は之を仰いで感涙の滂沱《ぼうだ》と下るのを如何《いかん》ともすることが出来なかつた。民族歌『インドネシア・ラヤ』が天に届けと最初に高らかに唱和されたとき、我々の間には感極まつて遂に最後まで唱和できなかつた者が少なくなかつたのである。

さらにスカルノはこの一文のなかで日本との「同生共死」を誓い、「アジアを解放することはまたインドネシアを解放することに外ならない」と訴えるとともに、前述したようにこう同胞を鼓舞した。

十回、百回、或は千回独立を約束されようとも、若《も》し我々が自ら闘はず、而《しか》して自ら独立するだけの実力を有することなくしては、我々は決して独立を具現し得ないであらう……ある民族が独立に対して火の如き精神と意欲を有する場合、千人の天界の仙人と雖《いえど》も、その民族の独立を阻止するを得ない!。

「小磯声明」直後の一九四四年九月一八日付でスカルノは、日本で学ぶそして前年訪日の折親しく面談した「南方特別留学生」全員に「インドネシア独立達成のための闘争は、インドネシアを独立させるという日本の約束よりももっと重要だ」とのメッセージを送った(倉沢愛子『南方特別留学生が見た戦時下日本』)。先の論文とあわせ、スカルノの高揚した感情がうかがわれるとともに、独立は日本から与えられるものではなく、一致団結した闘争によりインドネシア民族自らの手で実現すべきだとの彼の信念が伝わってくる。

「近い将来の独立」は約束されたものの、軍政当局による独立に向けての具体的施策は遅々として進まなかった。翌一九四五年三月ようやく独立準備調査会が発足し、その後紆《う》余曲折《よきょくせつ》を経、スカルノ、ハッタがサイゴン近郊のダラットに置かれた南方軍総司令部で総司令官寺内寿一《ひさいち》元帥から正式に独立許容を示達されたのは、敗戦四日前、八月一一日のことであった。

スカルノとハッタは日本の降伏直後、「日本とは無関係の独立」を宣言すべきとの急進派の青年指導者の激しい突き上げを受ける。そして一六日早朝には青年グループによる二人の拉致《らち》事件（レンガスデンクロック事件）が発生する。事態の急変を知ったスバルジョら長老民族主義者の介入で救出された二人は、彼らに同情的であった海軍武官府前田精《ただし》邸に主だった独立準備委員会（八月七日設置）のメンバーを集め、青年指導者や武官府の前田武官、西嶋重忠、さらには三好俊吉郎らが見守るなか、独立宣言の文言をめぐって白熱した徹夜の議論を行った。そしてスカルノとハッタが世界の植民地の先陣を切って「インドネシア民族の名において」独立を宣言したのは、八月一七日午前一〇時（当時は日本時間を使用、実際には八時）のことであった。

そして独立宣言の翌八月一八日、スカルノ、ハッタはそれぞれ初代の正・副大統領に選出された。ついで一九四五年憲法も制定され、インドネシアは「国民国家」の建設に向けて苦難に満ちた第一歩をしるした。従来、このあまりに有名な独立宣言の発布については、宣言主文である「私たちインドネシア民族は、ここにインドネシアの独立を宣言する。権力移譲その他に関する事項は、十分な配慮をもって迅速におこなう。ジャカルタにおいて」のみが知られている。

しかしながら、戦後インドネシア研究の先駆米国コーネル大学のジョージ・ケーヒン教授は、最近その絶筆となった一文において、この宣言文読み上げに先立つスカルノの次のような声明をはじめて明らかにした。

すべての兄弟、姉妹へ!!

私は、われわれの歴史のなかでもっとも重要な出来事を目撃してもらうため、皆さんにこの場に集まってくれるようお願いした。

数十年にわたり、インドネシアの人民は、われわれの国の自由を求めて闘ってきた。否、数百年にもわたってだ！

独立を勝ちとるためのわれわれの行動のなかには高揚する波もあったし、引く波もあった。しかしながら、われわれの精神はわれわれの理想を求めて揺らぐことはなかった。

また、日本時代の間も、民族独立を達成するための努力がとだえることは決してなかった。この日本時代において、われわれは日本人に依存したとみられたかもしれない。しかしながら、本質的に、われわれはわれわれ自身の力を強めつづけてきたのだ。われわれは自らの強さを信じてきたのだ。

いまここに、われわれの行動の運命とわが国の命運を真にわれわれ自身の手の内に入れる瞬間がきたのだ。

それゆえ、昨晩、われわれは全国各地から集まってきた指導者たちと協議した。その話し合いの場で、全員一致で今こそわれわれの独立を宣言する時がきたのだとの見解に達した。

兄弟姉妹よ、ただちにわれわれはその決定への連帯を宣言する。われわれの宣言に耳を傾けてほしい。

ケーヒンは、当時のプレスがこの声明の報道を控えたのは日本がまだ新聞をその厳しい統制下においていたためか、あるいはその声明の公表が過酷な日本の反動を挑発するとインドネシア側が信じていたためであろうと仮説を立てるのであった（George Mct. Kahin, "Sukarno's Proclamation of Indonesian Independence", *Indonesia*, No.69, April 2000)。

独立闘争期のスカルノ

オランダの復帰と「スカルノを対手とせず」

日本の敗戦とオランダ復帰

日本軍政の終焉とともに、スカルノと日本との公的な関係も自然消滅する。そして、敗戦日本と新興独立国インドネシアの間で国家レベルの接触が始まるのは、一九五一年九月のサンフランシスコ講和会議（五二年四月条約発効）を契機としてであった。したがってここでは、「スカルノと日本」という主題からひとまず離れることになるが、独立闘争期の政治外交過程、そのなかでのスカルノの微妙な立場について触れておくことにしたい。

かつて「女王の白いうなじを飾る首飾り」と形容された豊饒な植民地・蘭領東インドがまだ日本の支配下におかれていた一九四二年一二月七日、オランダのウィルヘルミナ女王は亡命先のロンドンから世界に向けてラジオ演説を行った。そこでは、「平等なパートナーシップ」にもとづく植民地蘭印の将来構想が提示された。この女王演説は連合国へのメッセージとしてなされたが、友邦イギリスがいまだドイツとの激闘をつづける一方、日本占領下インドネシアでは海外短波放送聴取が厳禁されていたこともあり、実質的にはアメリカ向けの放送であった。

その目的は、オランダが反ファシズムの連合国陣営の一員であるとともに、植民地経営における開明的な模範国家であることを強く訴え、その植民地奪還のために、アメリカ官民の支援をとりつけるためのものであったといわれている。演説において女王は、蘭領東インドに代えて、はじめて公式に「インドネシア」という呼称を用いた。さらに長年にわたる「開明的」なオランダ＝「インドネシア」提携の実績を自賛しつつ、まずはファシズム勢力打倒のためのインドネシア民衆の協力を訴えたのである。そして連邦制導入による植民地体制の改編が、軍国日本打倒後の贈り物ともいうべきものとして提示されたのであった。

日本敗戦を目前にして、西欧諸国にとっては東南アジア植民地の奪還と再建、アメリカにとっては日本本土進攻への全力投入とその後の日本占領に向けての主導権掌握が第一の目的となっていた。くしくも一九四五年八月一五日をもってフィリピンを除く東南アジア戦域の大部分の管轄は、米軍から英印軍へと移管されている。この移管を受けた英蘭民政協定にもとづき、英印軍が軍事進駐することになった旧蘭印地域には、蘭印民政府（NICA）が樹立されることになり、最終的にはかつての国是である「安寧と秩序」の支配するオランダ植民地の栄光が復活することが期待されたのであった。オランダ側は、スカルノに代表される共和国勢力の独立宣言はすでに知るところであった。だがその独立はオランダからみれば「日本軍国主義の傀儡《かいらい》」にすぎず、インドネシア民衆はいまだ自らの足で立つことはかなわず、必ずやオランダの庇護がふたたび求められるにちがいないと確信していた。

一九四五年九月のジャカルタ上陸を前に、シンガポールからは繰り返しさきの女王のラジオ演説が流された。それとともに、大統領スカルノの「対日協力」を告発し、新生共和国は日本の傀儡であると激しく非難するプロパガンダが繰り返された。英印軍とあとに続くオランダ軍は、いずれもが「過酷な日本軍政」からの解放者として大歓迎を受けることを期待しての上陸であった。

英軍将校に率いられた連合軍先遣隊がジャカルタ市北部のクマヨラン空港に降下したの

は、日本の降伏文書調印を受けた九月八日のことであった。同月一五日、イギリス巡洋艦隊がジャカルタ・タンジュンプリオク港に入港、二九日には英印軍主体の東印度連合軍三個師団がジャカルタに上陸を開始する。こうした英印軍部隊の上陸を受けて、ファン・デル・プラス、ファン・モークら、かつての蘭印政府要人が相次いで戻ってきた。ファン・デル・プラスは東ジャワ州知事など蘭印政府の要職を歴任、戦時中は蘭領東インド・オーストラリア代表部代表を務めた。またファン・モークは開戦前の日蘭印会商で経済局長として敏腕をふるい、日本側をきりきり舞いさせた蘭印生まれの実力者であった。その後副総督に昇進、日本軍進攻時にはオーストラリアに脱出、オランダのロンドン亡命政府で名目的ながら植民地相に就任している。彼らは戦前からの蘭印問題のエキスパートとして、植民地復帰の使命を帯びて意気揚々とジャカルタに上陸したのである。

スカルノを「対手とせず」

独立を宣言したインドネシア共和国に対するオランダの戦後の公式方針は、「共和国は日本軍の傀儡」であり、その首魁《しゅかい》である対日協力者スカルノを「対手《あいて》とせず」とするものであった。ファン・モークはジャカルタ上陸を前に、連合軍東南アジア司令部に対して次のように説明している（S. L. van der Wal. ed., *Officiele bescheiden betreffende de Nederlands-Indonesishe betrekkingen 1945-50*

〔*deel 1*〕)。

スカルノのいわゆる「政府」なるものが日本によって樹立されたが、それは完全なる日本の支配下にあることは明白である。さらにもし日本が降伏しないままでいたならば、この「政府」なるものは日本の汎アジア主義のプロパガンダの中核でありつづけたであろうこともまた明白である。

オランダはラジオ放送、大量のパンフレット散布を通じて執拗な反スカルノ・反共和国プロパガンダを繰り返し、スカルノに対する民衆の熱狂に冷水を浴びせることに腐心した。これまでは、オランダ植民地支配という明確な敵を相手に、正義はつねにスカルノの側にあった。しかし戦後オランダは、勝者である連合国陣営の一員としてインドネシアに戻ってきたのである。スカルノの身にはいつなんどき「対日協力」のかどによる連合国による逮捕のおそれがあるかわからなかった。

オランダもその一員である連合軍進駐にいかに対処するか、これが新生共和国政府にとって最大の問題であった。「対日協力者」のレッテルを貼られたスカルノは連合軍と対峙するには適任とはいえず、自然と政局の表舞台から後退する。一〇〇パーセント独立堅持を唱える急進派青年グループは、複雑な政治情勢を乗り切るには力量不足であった。青年グループの支援を受け、ここに対オランダ協議路線を唱える現実主義的なグループが台頭する。

その筆頭であるシャフリルはすでに触れたようにハッタとともにオランダ留学を経験、当時ヨーロッパで先進的であった社会民主主義思想の洗礼を受けた知的エリートである。ハッタとともにその著作はオランダ読書界に好意をもって受け入れられており、日本占領下も対日協力を選択したスカルノ、ハッタとは一線を画し、目立たない存在であった。こうした経歴をもつシャフリルは、オランダによって「話し合いのできる相手」とみなされていたことも確かであった。ハッタもスカルノとともに戦時中対日協力に加わったが、本質的にはシャフリル同様の対オランダ協調路線をとる穏健派知識人であったこと、しかも共産主義者との嫌疑でつねに日本の憲兵隊の暗殺の脅威にさらされていたことなどから、戦時中の「対日協力」もそれほど問題視はされなかった。スカルノが「対日協力者」の批判にさらされ、政治の表舞台から後退する一方で、ハッタは副大統領としてシャフリルのグループに合流、政局の中枢を担うことになる。一九三〇年代初頭のスカルノの国民党対ハッタのインドネシア国民教育協会の論争に淵源をもつ両雄の根深い対立は、ここに新たな形で再燃したのであった。

ハッタ副大統領の「政治宣言」

弱冠三七歳の青年民族主義者シャフリルは対オランダ交渉の主導権掌握にあたり、青年グループ、副大統領ハッタと連携のうえ、政権掌握に向けて精力的な動きを開始する。現行の一九四五年憲法の制度的枠組みを副大統領布告をもってなし崩しに変更し、スカルノの有する大統領権限を縮小、責任内閣制への移行をはかった（一一月一四日、第一次シャフリル内閣成立）。このことをもって反シャフリル派は、「シャフリルのクーデター」と呼びならわしている。スカルノはこれにより名目的な地位に追いやられ、シャフリル自ら内閣首班となるのである。また一連の措置をスカルノが黙認、ときにはむしろ積極的に支持したことから、反シャフリル派はこの時期のスカルノを「黒いスカルノ時代」と呼び、日和見主義として批判している。スカルノ自身は、この「クーデター」について語ることが少ない。以下では、インドネシア共和国発足直後の政治過程の大筋をたどっておきたい（増田与『インドネシア現代史』ほか参照）。

独立準備委員会の発展的改組によって発足（八月二九日）した中央国民委員会は、一九四五年一〇月一六日の第一回総会において、自らに暫定的に立法権を付与し、さらに日常政務を執り行う業務委員会の設置を求める動議を提出し、同日付のハッタ副大統領布告により承認される。翌日には業務委員会が発足、シャフリルが委員長、アミル・シャリフディンが副委員長に就任、実質的な立法権限を掌握する。一九四五年憲法は独立闘争という非常時を想定したこともあり、正・副大統領に同等に強力かつ広範な権限を付与している。しかしながら、国民協議会・国会開設までの暫定機関である中央国民委員会への立法権付与、とりわけ業務委員会設置は、憲法上の大統領内閣の権限を弱めるものであり、健在の大統領をさしおいての副大統領布告による承認も異例のことであった。

さらにシャフリルはスカルノ政府に政治綱領の発表を要求、自らその起草にあたり、一一月一日、ハッタ副大統領署名による政治宣言を公表した。ここでもスカルノは、政治の前面からまったく退いている。なによりこのハッタ政治宣言として知られる政治綱領は、三日付の政党結成を歓迎する副大統領布告とともに、これまでスカルノが追求してきた単一の民族主義政党による国民総力の結集と大統領への権限集中による徹底的な対オランダ独立闘争路線を放棄し、西欧的議会制民主主義導入による対オランダ協調路線への切り替えを明示したものであった。

さらには旧蘭印政府債務の新生共和国への引き継ぎ、オランダを含む接収外国資産の返還・賠償など、旧宗主国をはじめとする連合国への配慮のにじみ出たものとなっていた。

この「政治宣言」は旧蘭印に経済的権益を有する欧米諸国の歓迎するところとなり、アメリカからの援助申し出をはじめ、共和国の国際的信用を高めるうえで一定の役目を果たしたことは確かであった。しかしながらそれは、スカルノが思い描き、青年グループが追求した独立闘争路線からは大きく逸脱したものであったこともまた事実である。

シャフリルのいわゆる「クーデター」は、一一月一四日の第一次スカルノ内閣の倒閣によって完成する。シャフリルは責任内閣を自ら組閣、首相・外相・内相を兼務した。同内閣は同二六・二七日に開催された第二回中央国民委員会で信任されている。

「スラバヤ英雄の日」

ジャカルタでシャフリルが対オランダ協議路線のもとで政権掌握を着々とすすめる一方、東ジャワのスラバヤでは、共和国勢力が行政を掌握するとともに、日本軍からの武器接収を開始、市内各地で日本軍部隊と共和国武装勢力の間に武器の引渡しをめぐって小規模な衝突が多発していた。降伏したとはいえ、いまなお強大で無傷の武力を有する現地日本軍は、連合軍当局によりインドネシアにおける「治安維持」すなわち独立運動の抑止を命じられていたのだった。

スラバヤにおける共和国・日本軍双方にとって幸運だったのは、両者の現地指揮官の機転もあって武力衝突が最小限にとどまり、さらに本隊到着を待たぬ一オランダ海軍先遣士官の〝独断〟のおかげで日本軍が「現状維持」任務から解放され、共和国勢力鎮圧の矢面にたつことが回避されたことである。オランダ海軍のホイエル大佐率いる先遣部隊が九月二一日スラバヤに落下傘降下、同大佐が独断で海軍第二南遣艦隊司令長官柴田弥一郎中将の降伏を受理した。さらに陸軍側でも独立混成第二十八旅団長岩部重雄少将の降伏が、ホイエル大佐に受理された。

こうして本隊到着を待たず、スラバヤにおける日本軍の武器弾薬・施設等のすべては連合軍の所属となり、「連合軍到着までの間インドネシア官憲がその監視警戒にあたる」こととされたのである。これによりスラバヤの施設、日本軍の武器弾薬は共和国勢力になしくずしに奪取された。日に日に反蘭感情は高まり、ホイエル大佐といえどもインドネシア官憲の警護なしには一歩も出歩けない現状となった。まもなく厳しい査問のため、大佐は召還されることになる。激変したインドネシア民族主義の奔流を前にして、「宗主国」オランダの威信を一身に背負い、英雄を夢見たであろう一海軍大佐の悲劇であった。

いずれにせよスラバヤにおける独立の意気は、燃えに燃え上がったのである。一〇月二五日の連合軍本隊五〇〇〇名のスラバヤ上陸を受けて武器提出を求めるビラが散布されるが、ときすでに遅く、共和国勢力と連合軍との全面的な武力衝突が始まった（宮元静雄

『ジャワ終戦処理記』)。

スカルノ、ハッタらは急遽スラバヤに飛び、一〇月三〇日停戦を指示するが、停戦ライン侵犯をめぐる衝突はやまず、英軍准将殺害をはじめ、英印軍に大打撃を与える激しい戦闘が再開された。英印軍は戦力を増強、一一月一〇日午前六時までに無条件降伏を要求する最後通牒を発するが、一人の投降者もなかった。

同日午前六時五〇分を期して艦砲射撃・銃爆撃を含む英印軍の三日間にわたる総攻撃がはじまるが、激しい抵抗に戦線は膠着《こうちゃく》、英印軍はその後一ヵ月近くスラバヤを陥落させることはできなかった。このスラバヤでの激闘の報はすぐさま各地に伝わり、連合軍に対する抵抗は一段と激しさを増すことになる。今日インドネシアでは一一月一〇日を「スラバヤ英雄の日」として記念、独立闘争を画すべき歴史的ひとこまとして顕彰し後世に伝えている。

一九四五年八月一七日の独立宣言を受け、ジャカルタ中央のみならず各地で共和国勢力が地方行政を掌握、オランダ資産を接収するとともにさまざまな手段で日本軍から武器を獲得して連合軍やオランダ軍と武力衝突をはじめた時期、これはインドネシア語でブルシアップ・ピリオド(革命準備期)と一般に呼ばれている。この時期はインドネシア民族革命史において、民衆が立ち上がり、独立戦争に向けた力をたくわえ、力だめしをはじめた革命準備期間として重要な位置づけをされている。

だがそれとともにこの時期は、北スマトラなどで植民地時代より積み重なっていた反封建首長感情が爆発しスルタン一族が皆殺しにされたり、各地の日本軍抑留所から解放されたオランダ人や華人が襲われるなど、それまでのインドネシア民衆の抑圧された感情が一気に表面化し、社会的混乱を極めた時期でもあった。

オランダ植民地政庁は「原住民支配」の一環としてスルタンなどの封建的権威を温存、間接統治に利用するとともに、さらにオランダ人都市経済と「原住民」農村経済を媒介、搾取する仲介者として華人を「優遇」利用してきた。こうした意図的に作り上げられた植民地社会構造に対するインドネシア民衆の制御不能な感情の発露は、不完全ながらもある意味では現状を打破し、変革を求める動きであったことをもって、一種の社会革命の側面があったことが指摘されている（Anthony Reid, *Blood of the People*）。

しかしながらオランダ側にすれば、今日でもこうした「進歩的」解釈は受け入れがたいものであり、民衆を煽り焚きつけたスカルノは、現在でも依然として「オランダの敵ナンバーワン」（W. Oltmans, *Mijn Vriend Soekarno*）でありつづけている。あるオランダ人歴史学者によれば、このブルシアップ期はあくまで混乱を極めた「無政府状態」にすぎず、スラバヤにおける激しい武力紛争もその例外ではない。こうした「『強盗殺人集団』の行為をもって『社会革命』などと称するのは歴史学的にナンセンスなこと」であり、このブルシアップ期の混乱の一連の責任は、なによりもスカルノに帰せられるところであるという（Lambert Giebels, *Soekarno*）。

このインドネシア民衆の抑圧された不満感情の抑えがたい爆発は、インドネシア語ではアモックと呼ばれ、「荒れ狂う」という意味で英語化するほどに広く知られるところとなっている。激情に駆られたこうした民衆の不満感情の奔流は、植民地時代の民衆反乱以来、一九四五年の「社会革命」期、さらには一九六五年九月三〇日事件とその後の共産党大弾圧、一九七四年のいわゆる反日暴動、そして一九九八年五月のスハルト政権倒壊期などに、たびたび繰り返される反華人暴動にまで引き継がれている。いずれにせよ、長年にわたり虐げられ、抑圧された感情が激発するのはインドネシア民衆に限らず、人類の歴史上繰り返されてきたことであり、そのような抑圧をもたらし、はけ口も見出せぬまま不満を蓄積せざるを得ない社会構造にこそ、その責を帰するべきものである。

外国の干渉を退け、激しい独立闘争を闘い抜いた誇りあるインドネシア外交は、爾来《じらい》内政干渉には敏感であり、いかなる国といえどもその威厳を貶《おとし》め、国際儀礼に反するような態度をとるべきではない。しかしながらスカルノ、スハルト時代を通じ、最大の援助国としてその社会経済開発に少なからぬ影響を与えてきた日本の責任は大きい。「特別の関係」におもねることはなかったのか、はたして真の友人にふさわしい対応をとってきたのかがいま問われている。

独立戦争と日本人

抑圧された民衆感情の爆発は、それればかりではなく、三年半の厳しい軍政を敷いた日本軍に対しても向けられた。それまで抑え込まれていた反日感情は、直接的には戦後武器引渡しを拒んだ日本軍部隊や、連合軍の補助兵力として使役され、共和国勢力と直接武力衝突した日本軍部隊に対しても向けられ、中部ジャワ州都スマラン市のブルー刑務所に拘束された百数十名の民間人虐殺、西ジャワ、ブカシでの日本軍将兵惨殺などの事件を生んでいる。なによりも戦後にいたって双方に無用の流血を招いたことは、両国関係における最大の悲劇であった。

だがこうした悲劇の一方で、戦前からインドネシアと深い関わりを持ちつづけ、戦後は日本名を捨て「インドネシア人」として独立戦争に身を投じ、戦場に倒れた市来竜夫、吉住留五郎などの日本人がいたことはよく知られている。東京芝の青松寺境内には、スカルノの筆による市来、吉住の慰霊碑が今も立っており、関係者により定期的に法要が行われている。また、敗戦後所属部隊を離脱し、共和国武装勢力に身を投じた一〇〇〇人以上の日本人のことも忘れてはならない。彼らのある者は、日本が約束したインドネシア解放の「大義」を個人レベルで果たすため、あるいは戦犯追及を逃れるためなど、その動機はさまざまであるにせよ、その胸にはいずれも新生共和国に対する共感があったことは明らかである。貧弱な装備の共和国ゲリラ闘争において、市来竜夫が戦時中に翻訳した『歩兵操典』や吉住留五郎の執筆した『ゲリラ戦論』とともに、数多くのゲリラ戦教本が無名の日本人の手で作成され、インドネシアの対蘭ゲリラ闘争の手引きになったという。また彼らの率いる日本軍直伝の「夜間斬り込み」戦法はオランダ軍を震撼させ、貧弱な装備を大いに補った。

当時、日本軍現地当局は、こうした日本人の独立戦争参加は連合軍の「現状維持」命令に背反する行動ととらえ、彼らに「現地逃亡脱走兵」の烙印《らくいん》を押してきた。武器操作に習熟した彼らはオランダ軍からは恐れられるとともに憎しみの対象となり、また独立戦争後は国軍合理化のなかで「お荷物」扱いされた者も少なくなかった。その後関係者の努力もあり、インドネシア政府は一九六〇年代に入り彼らにインドネシア国籍を与え、独立英雄として正式に顕彰するにいたっている（栃窪宏男『日系インドネシア人』）。日本側でも、「現地逃亡脱走兵」の呼称を一九九一年に撤回した。

戦後日本とのつながり

一言付言するならば、日本軍政期に義勇軍の教練にあたった指導官、軍政監部や海軍武官府に勤務する日本人とインドネシア人青年との間には個人的な友好関係が生まれたことも少なくなかった。戦後インドネシアの対日観は、いまだ癒されぬ戦争被害の傷あとも生々しく、決して良好なものとはいえなかった。そうしたなかで戦中からインドネシアとの関わりを持つ多くの日本人が両国をつなぐ非公式の橋渡し、またはロビーとして、両国の国交樹立、賠償、さらにはその後の経済協力に際しても一定の役割を果したことは知られている。

さらにこうした日本人の一部が、その後もスカルノ、反スカルノ勢力それぞれとの関係を保ち、一九六五年九月三〇日事件前後の政治的混乱と断絶を乗り越えてスハルト新政権と日本との関係の連続性を担保したともいわれている。そのことが両国間の〝癒着〟構造を生み出す要因であったことも事実であるが、他方で極度に左傾化したスカルノ政権末期にインドネシアは国際的孤立を深めることになり、その後の路線変更・国際社会復帰に際してこの日本との間につながった線は、少なからぬ政治外交的重要性を持ったことも指摘さるべきであろう。

興味深いのは、かつてインドネシアに駐屯した日本人による多くの戦友会団体が戦後においてもインドネシアとの交流をすすめてきており、その絆がその子弟、あるいは関係者によって、将来にわたる日イ交流団体として引き継がれつつあることである。一方オランダにおいてはこうした旧蘭印戦友会団体は、もっぱら日本軍から受けた戦争被害に対する謝罪・補償を求めることを目的とし、戦後の対インドネシア友好交流を目的とする活動とは断絶している。

日本で戦争被害に対する「謝罪」問題が依然論争となっている一方で、オランダでも植民地支配、独立戦争被害に対する「謝罪」問題は、一部国内の根強い反発もあり、いまだに決着のつかない難問でありつづけている。戦前・戦後を通じ、日本とオランダは同様にインドネシアと深い関わりを持ちながら、両者のインドネシア観、戦争観には越え難い溝があり、「日蘭修好四〇〇年」を迎えた両国に、暗い影を落としている。また、それ以上に重要なのは、日本においてもオランダにおいても、太平洋戦争と日本のインドネシア占領について自らの経験を語ることはあっても、インドネシア側がそれをどう受け止めていたのかを突き合わせ、擦り合せようとする試みがいまだにうまくいっていないことである。

独立をめぐる二つの路線

協調路線と闘争路線

ジャカルタにおいて対オランダ協議路線を推進するシャフリル政府と、反オランダ感情を爆発させ武力闘争をつづける一般民衆との乖離《かいり》は、決定的であった。かつて進攻してきた日本軍を「解放者」として歓呼をもって迎え、「積極的対日協力者」スカルノを今も熱狂的に支持する民衆と、そのようなスカルノや一般民衆を冷ややかな眼で見つめるシャフリルとの間には絶望的なまでの溝があった。こうした溝は、かつてシャフリルの責任内閣樹立を支持した青年グループや、その思想的後援者であるスバルジョ、イワ・クスマ・スマントリ、タン・マラカら長老民族主義指導者たちとの間にも深まりつつあった。ジャカルタ中央でシャフリルはハッタ副大統領と協力、西欧的議会制民主主義の導入、旧蘭印政府債務の引継ぎ、接収オランダ資産返還、さらにはジャカルタ市街からの共和国軍撤兵など連合国の「民主主義的」意向に沿った交渉の土台を築き上げつつあった。だが、「人民政府樹立」「一〇〇パーセント独立堅持」を掲げオランダ資産接収運動を地方において進めつつあったタン・マラカ、イワ・クスマ・スマントリら民族共産主義を掲げる長老指導者や青年グループには、こうした一連の対オランダ融和政策はシャフリル内閣の「弱腰」「譲歩」としか映らなかった。

青年スカルノが植民地蘭領東インドにおける最高水準の「原住民」教育を通して幅広く西欧思想に触れながらもあくまでインドネシアにとどまり、土着的な価値観や民衆との接点を重視した独特の民族主義思想を生み出し、対オランダ非協力路線を選択したことはすでに述べたところである。それに対してハッタ、シャフリルはオランダ留学を通して社会民主主義にふれ、オランダとの協調による漸進主義的な民族主義運動の道を進んだ。

タン・マラカ、イワ・クスマ・スマントリらは同じくオランダ留学組ながら、また別の道を選ぶことになった。とくに一九二〇年代のオランダ、モスクワ滞在を通して社会主義・共産主義思想の洗礼を受け、戦前期の国際共産主義運動にも深く関わったタン・マラカは、若きスカルノにとって民族主義の師の一人であった。タン・マラカはその後のオランダによる弾圧、日本軍政時代にいたる長い地下活動を経てその独特の民族共産主義思想を完成、一九四五年八月に姿を現わした彼は伝説的な民族主義指導者として、多くの青年グループの支持を獲得する（『牢獄から牢獄へ』）。大衆蜂起による人民政府樹立を唱えるタン・マラカの思想は、シャフリルの対蘭協議路線と衝突するばかりでなく、同じく大衆動員を基盤とするスカルノの民族運動指導にとって、潜在的な脅威であったことは否めない。そこにスカルノのシャフリルに対する支持の理由のひとつがあったともいわれている。

一九四五年一〇月にはタン・マラカからの影響下、プマラン、テガル、ブルベスなど中部ジャワ北岸の諸都市において民衆による大規模な地方権力奪取、オランダ系農園接収運動が展開されていたが、ハッタの政治宣言はこれと真っ向から衝突するものであった。一方スラバヤでの共和国勢力の執拗な抵抗がいまだ続くなか、一一月一七日には英軍司令官の仲介でジャカルタにおいてファン・モークとシャフリルとの間で本格的な交渉がもたれることになる。その交渉の前提として、一一月から一二月にかけてシャフリル内閣はこれら三都市における運動を弾圧、「ハッタの政治宣言」を実力をもって「遵守《じゅんしゅ》」するのである。この政府による民衆運動の禁圧は、「三地方事件」として知られ、共和国における対オランダ協議路線と完全独立を目指す闘争路線の対立が如実にあらわれたものであった。これによりシャフリル内閣とタン・マラカ、イワ・クスマ・スマントリ、そして青年グループとの間の亀裂は決定的なものとなる。

ジョクジャカルタ遷都とシャフリルの孤立化

首都ジャカルタでシャフリル首相が政権掌握と対オランダ交渉をすすめる一方で、インドネシア各地では進駐する連合軍と共和国勢力との間に武力衝突が散発していた。ジャカルタの治安悪化も例外ではなかった。シャフリルの対オランダ交渉を通じて一九四五年一一月一九日、ジャカルタ市街からの共和国軍隊の撤退を受諾して以来、〝わがもの顔〟に市街を歩くオランダ兵は市民に無差別に発砲、「オランダの敵ナンバーワン」であるスカルノはたびたび暗殺の危機に直面した。共和国要人の安全さえおぼつかない情勢悪化を受けて、一九四六年一月四日、スカルノ、ハッタら共和国政府閣僚はジョクジャカルタに移り、ジャカルタには、シャフリル首相ら対連合軍・オランダ交渉者が残ることになった。

しかしながら、こうした事態はシャフリル首相にとって必ずしも好ましいものとはならなかった。連合軍を背景にオランダ代表とシャフリルが対峙する外交都市ジャカルタにおいては、スカルノは「対日協力者」の汚名を着せられ、忍従を余儀なくされる名目上の大統領にすぎなかった。だがジョクジャカルタにあるスカルノは依然民衆の熱烈な支持を集める共和国の元首であり、民族の統一者でありつづけるのである。さらに一〇月五日に建軍されたインドネシア人民治安軍の参謀本部も、ジョクジャカルタにおかれていた。治安の極度に悪化したジャカルタでひとり対オランダ交渉にあたるシャフリルと、オランダ軍との前線から離れた共和国の本拠ジョクジャカルタにある政府中央、軍との意識の疎隔は避けられないものとなった。また、これに追い討ちをかける形でタン・マラカ、青年グループによる反シャフリル勢力の結集がはじまることになる。

タン・マラカは一九四五年の八月以来、その勢力拡張につとめ、同年一〇月には前述したように中部ジャワ北岸諸都市において民衆による大規模な地方権力奪取をすすめ、シャフリル政府による弾圧をくぐって民衆の組織化を進め、中部ジャワ地方で着々と勢力を貯えていった。翌年一月、タン・マラカは中部ジャワのプルウォクルト、ソロにおいて闘争同盟を結成、反シャフリル勢力を結集した。ソロでの第二回闘争同盟大会には前外相スバルジョ、スディルマン国軍総司令官、ガトット検事総長などの出席もみられ、シャフリル内閣の対蘭譲歩に対する国軍の異議を示すとともに、政府部内も一枚岩ではないことを明らかにしている。この第二回大会では、「最小限綱領」と呼ばれる政府に対する要求項目を決議し、その対決姿勢を鮮明にした。「綱領」において闘争同盟は、完全独立の承認を前提にオランダ側との協議を行うこと、オランダ農園・企業の接収と管理をすすめること、ヨーロッパ人俘虜・抑留者の解放管理と日本軍の武装解除を共和国の手で行うこと、人民の軍・政府を設立することなどを要求した。

シャフリル政府にすれば「完全独立の承認」が前提ではオランダとの協議は立ち行かず、またオランダ農園・企業の接収と管理は「ハッタの政治宣言」に真っ向から背馳《はいち》するものであり、とうてい受け入れられるものではなかった。「最小限綱領」はスカルノ、ハッタに再三にわたり提出され、その強硬な圧力にシャフリル内閣は総辞職する。

国際化する「インドネシア問題」

しかしながら、シャフリルがジャカルタにおいてすすめていたファン・モークとの交渉は現地連合軍の仲介によるものであり、その意向を無視して対オランダ協議を放棄することは不可能であった。仲介役のイギリスにしても、オランダと共和国を本格的交渉のテーブルにつけ、一刻も早くインドネシアから撤兵する必要に迫られていたのである。

一九四五年一〇月以降、スラバヤをはじめ各地での激しい武力衝突が本格化すると、その動静は国際社会の注視するところとなり、サンフランシスコ、ニューヨーク、シンガポール、オーストラリアなどでインドネシア共和国支援を訴えるデモや港湾ストライキがおこる。また、東西冷戦の兆しはすでに世界各地に見え隠れしはじめていた。イランからのソ連軍撤兵を迫るイギリスに対して、ソ連はギリシャに対するイギリスの干渉を激しく非難した。インドネシアもその例外ではなく、一九四六年一月、国連安全保障理事会においてウクライナはインドネシアにおける共和国勢力に対するイギリス軍の武力「侵略」を激しく非難する。インドネシアにおいても、アジア同胞の独立運動に銃を向けるのを潔しとしない連合軍インド兵の共和国側への脱走も目立つようになった。イギリス軍により構成される東インド連合軍はインド兵主体であり、イギリスとしてもインド独立を受けて反植民地運動の高揚する英連邦諸国の動向から眼を離せない状況にあった。イギリスはインドネシアからの撤兵に向けた共和国とオランダとの交渉への本格仲介を決意、二月にはクラーク・カー卿をジャカルタに派遣、オランダ・共和国双方に交渉への強い圧力をかけることになる。

第二次シャフリル内閣の成立

闘争同盟の攻撃によりシャフリル内閣が総辞職したとはいえ、イギリスの圧力を受けた共和国にとって、オランダの「話し相手となりうる」切り札はシャフリル以外にはなかった。さらに闘争同盟によって反シャフリル勢力の糾合に成功したタン・マラカは、シャフリルの弱腰外交を支持するスカルノに対する批判も強め、その地位を具体的に脅かすものとなってきていたことも事実である。一九四五年憲法の規定に従い、大統領としてスカルノはシャフリルに再度組閣を命じ、四六年三月一日第二次シャフリル内閣が成立、オランダとの交渉は継続されることになる。シャフリル内閣は「最小限綱領」を実質的に骨抜きにしていくなかで、闘争同盟に対する弾圧を強め、三月一七日、タン・マラカ、スカルニ、ムハマッド・ヤミンらがシャフリル系の社会主義青年団の武装兵によって逮捕・投獄される。さらにタン・マラカ派活動家の大量逮捕がつづき、両者の対立は極度に高まっていった。

六月二七日、シャフリルは滞在先のソロ郊外の保養地でタン・マラカ派の武装グループにより拉致・監禁される。これに対してスカルノは三〇日のラジオ演説を通じ、タン・マラカ派の行為を反対と破壊の区別のつかぬ内なる敵として激しく非難、シャフリルの釈放を強く要求した。そしてついに七月三日、タン・マラカを大統領、スバルジョを外相とする反シャフリルの「クーデター未遂事件」がおこり、首謀者タン・マラカ、ヤミンらを再逮捕、スバルジョほか総勢数百名の闘争同盟関係者が一網打尽にされ、長期にわたり投獄されることになる。このいわゆる「七月三日事件」は、その過程がタン・マラカ派のクーデターと呼ぶにはあまりにずさんであり、不自然な動きが多い。この「クーデター」を受けた準備周到ともいえるシャフリル派とスカルノ自身の対応や事件前の関係者の大量逮捕をみても、この事件がスカルノの暗黙の支持を受けたシャフリル派によって「挑発」され、あるいは「仕組まれた」インドネシア版の「ドイツ国会放火事件」（一九三三年にナチスが国会への放火を共産主義者の仕業として弾圧した事件）とする説も根強い。いずれにせよこの事件を機に政局はいちおうの安定をみせ、シャフリル内閣による対オランダ交渉は四六年一一月のリンガルジャティ協定仮調印という一定の外交的成果を得ることになるのである（増田与、前掲書、イワ・クスマ・スマントリ『インドネシア民族主義の源流』）。

イギリスの強力な圧力のもと、インドネシア、オランダ本国での度重なる交渉を経て一九四六年一一月、ついに両国間で合意がみられることになる。西ジャワのチレボン郊外のリンガルジャティにおいて合意されたこのいわゆる「リンガルジャティ協定」によって、共和国はオランダから「事実上の」承認を得るのと引き換えに、オランダ女王を首長とするオランダ＝インドネシア連合の樹立、インドネシアにおける「すべての非インドネシア人」の権利・財産の回復を承認することとされたのである。仮調印を受けてイギリスはインドネシアから撤退、替わってオランダ軍が本格的に再進駐することになった。オランダはすでにジャワ、スマトラのインドネシア共和国領域を包囲する形で親オランダ勢力を集め、傀儡的な国家や自治地域を樹立しており、インドネシア共和国はこれら親オランダ国家群との連邦制を受け入れることとされた。『自伝』においてスカルノは、この協定を評して、「リンガルジャティ協定は革命の炎に対する冷たい水のシャワーであった」と述べ、さらに「シャフリルがこのお膳立てをしたのであり、私ではなかった」と冷たく突き放している。

オランダの「警察行動」

さらに一九四七年六月にはオランダ流の協定解釈にもとづき、連邦樹立までの過渡期間におけるオランダの法的主権の確認、共同暫定政府樹立という名目による蘭印政府再建、オランダ外務省と「暫定政府」による外交関係の管掌、合同警察の結成によるオランダ軍警の共和国領域への「警察権」行使など、実質的な植民地再建の要求をシャフリル政府につきつける。シャフリル政府の相次ぐ譲歩に国内の反シャフリル勢力は再結集し、ついにシャフリルは退陣、同じ社会党系のアミル・シャリフディンが組閣することになる。シャフリル退陣の二日後の隙に乗じてオランダは七月、「警察行動」と称する共和国領域への軍事進攻を開始し、ジャワ、スマトラの共和国領域をさらに狭い領域に押し込めることに成功する。

シャリフディン内閣はシャフリル路線を踏襲、即時反撃を具申するスディルマン司令官を抑え、武力闘争よりも国連における外交活動による国際的圧力によって問題を解決する道を選ぶ。国連にはシャフリルが代表として派遣されることになった。インドとオーストラリアによる提議により安保理は八月一日、即時停戦と国連仲介による紛争の解決を決議、八月四日の停戦日を迎えた。しかしオランダの軍事侵攻はいっこうにやまず、シャフリルは停戦監視と紛争仲裁を行う国連委員会の設置を求め、ベルギー、オーストラリア、アメリカからなる三国委員会が設置された。三国委員会の仲裁のもと、アメリカ海軍のレンヴィル号上で協議が開始され、一九四八年一月一七日、その三国委員会による停戦監視・仲裁のもとでリンガルジャティ協定を実施することを定めたレンヴィル協定が調印されることになる。

オランダの軍事侵攻のなすがままにジャワ内部にさらに押し込められ、レンヴィル協定によってオランダとの連合と連邦国家の樹立を促されただけに終わった共和国では、シャリフディン内閣に対する非難が湧きおこり、倒閣にいたる。スカルノは依然「対日協力」の烙印《らくいん》を押されており、シャフリル、シャリフディンという連合国向けの顔が失脚した共和国においては、リンガルジャティ協定にもとづくオランダ人資産の返還、連邦樹立の推進という厄介な役回りは、副大統領ハッタが務めるほかになかった。一月二九日、国民党、ハッタの支持基盤であるイスラム政党マシュミ、キリスト教系政党指導者の入閣を受け、ハッタ自らが首相・国防相を兼ねる組閣を行うことになる。社会党のシャリフディンは当時ソ連の強い影響下にあった共産党（一九四五年一〇月再建）と提携し左翼戦線を結成、左傾化を強めてハッタ内閣攻撃にまわり、自らの調印したレンヴィル協定反対という無残な役まわりを請け負わされる。シャフリルは右傾化を強めて新たにインドネシア社会党を結党してハッタ支持に回りながらも、政治の表舞台から退いた。

マディウン反乱とスカルノ

ハッタ内閣はリンガルジャティ協定にもとづく共和国軍整備の一貫として、ゲリラ兵の復員、国軍の再編合理化にもとりかかった。これはとりもなおさず、シャフリル内閣での国防相時代に培った国軍内のシャリフディン派の左派軍人の粛軍を意味した。これにより国軍内ではハッタを支持するイスラム系の軍人とシャリフディン派の左派との対立を生み、シャリフディン派の人民民主戦線の牙城であるスラカルタ（ソロ）軍管区に、停戦により引き揚げを余儀なくされたハッタ支持のシリワンギ師団が西ジャワから移動してきたことにより、軍内部の緊張は一気に高まることになる。

ソロはかつてシャフリル＝ハッタ路線に抵抗し独自の民族共産主義を唱えたタン・マラ

カ派の牙城でもある。七月三日事件以降もタン・マラカ派は人民革命運動と名づけた活動を継続しており、ソ連の影響の強い共産党を背景とするシャリフディン派とは激しく対立していた。一九四八年八月、スカルノは突如七月三日事件で逮捕投獄された闘争同盟関係者を恩赦・釈放しているが、これもシャリフディン派に対する対抗・牽制の意味があったようである。

一九四七年六月のアメリカによるマーシャルプラン公表、六月のソ連・東欧諸国によるコミンフォルム結成を受けて、翌年四月にはベルリン封鎖が行われ、米ソ対立は目に見える形となった。冷戦は東南アジアにも波及、同年三月にはビルマ、五月にはマラヤにおいて共産党の武装蜂起が相次いだ。こうしたなかの八月、戦前からの共産主義運動指導者であるムソがモスクワより帰国、共産党の指導に乗り出した。

ムソはタン・マラカをトロツキストとして非難するとともに統一戦線による穏健な政権入りを目指し、シャリフディンの社会党と共産党を合併して新共産党を結成した。ムソ帰国に元気づいたシャリフディン派とシリワンギ師団の対立は激化、九月以降武力衝突が絶えない状態に陥ることになる。さらに九月一八日には、シャリフディン派の軍隊が決起して東ジャワの主要都市マディウン市の行政権を接収、人民政府樹立を宣言するとともにスカルノを対日協力者、帝国主義の手先と激しく非難する放送を行った。シャリフディン派軍隊の決起の際、地方遊説に出ていたシャリフディンやムソらはこの蜂起を承認し、マディウン入りする。

マディウン蜂起は、共和国政府にとって最大の危機であった。ジャワ内部に押し込まれ、一方的にリンガルジャティ協定実施を強いられていたなかでの反乱は、オランダを利する「裏切り行為」にほかならない。オランダに圧力をかけられるのはアメリカをはじめとする西側が唯一の頼みであり、スカルノ、ハッタは東西いずれの陣営に属するものかをここに明確に示す必要に迫られる。一九四八年九月一九日、重大な岐路に立たされたスカルノは、ラジオを通じこう国民に訴えた（G. Mct. Kahin, *Nationalism and Revolution in Indonesia*)。

ムソ指導による共産党はわれらの愛する共和国を奪取しようとしている。……諸君は選択を迫られている。インドネシア独立達成を妨害するムソとその共産党に従うか、あるいはアラーの御加護のもと、われらのインドネシア共和国をなにものにも従属しない独立インドネシアへと導くスカルノ＝ハッタに従うか！

スディルマン国軍参謀長はスカルノへの忠誠を誓い、国軍は全力をあげて反乱派の鎮圧・粛清にとりかかった。九月三〇日マディウン市内に突入したシリワンギ師団は反乱派の赤軍を排除、以後二ヵ月余りにわたる掃討作戦が展開され、共産党側だけでも三万五〇〇〇余の犠牲者がでたといわれる。

オランダの誤算

共和国政府がマディウン反乱をようやく鎮圧し疲れきった隙をぬうかのように、オランダは再び軍事侵攻を開始する。一九四八年一二月一八日深夜、三国委員会にレンヴィル協定破棄を通告した翌日、オランダ軍は「第二次警察行動」と称して一挙に共和国領内に侵攻した。同日早朝にスカルノ、ハッタのいる首都ジョクジャカルタに空挺部隊を降下させ、正・副大統領を逮捕、以後ジャカルタ、スマトラのプラパット、バンカ島、マヌンビンにと転々と移動させつつ幽閉する。しかしながらこれを予期していた共和国側は、ただちにスマトラに共和国臨時政府を樹立、スディルマン国軍司令官のもと、激しいゲリラ闘争が展開された。

不意をつかれた形の共和国ではあったが、一〇万名近い軍事力を投入していたオランダは、すでに膨大な軍事費に加えてドイツ占領で荒廃した本国復興のために財政的にも追いつめられていた。オランダ兵は慣れない熱帯での作戦に疲れ、士気も落ち、軍規も乱れた。こうしたなか、正・副大統領を逮捕しさえすれば問題は片づくとの安易な発想は、大きな誤算を招くことになる。執拗なゲリラ抵抗に悩まされたオランダ軍は、のちのベトナムでのアメリカ軍と同様、戦争の泥沼にはまり込み、村落焼き打ち、インドネシア民衆虐殺などの蛮行を繰り返すことになる。オランダに対する国際的非難は高まり、オランダの同盟国アメリカとしてもなんらかの対応をとらざるを得なくなった。一九四八年一二月末にはアメリカの提議で国連安保理において、スカルノ、ハッタら共和国首脳の釈放と停戦を要求する決議が行われた。同時に一九四九年一月のニューデリー会議をはじめ、アジア・アフリカ新興独立諸国によるオランダ非難とスカルノ、ハッタ釈放を要求する国際世論も日ましに高まっていった。

アメリカの強硬な圧力にオランダはついに屈し、一九四九年五月のルム＝ローエン協定調印により、スカルノ、ハッタの釈放、ジョクジャカルタ返還が実現された。そしてハッタを団長とする代表団が八月にはオランダのハーグに派遣され、リンガルジャティ協定の実施を骨子とし、連邦国家内における共和国の優位を定めたハーグ円卓協定が調印された。その後、一二月二七日にはオランダからインドネシア連邦共和国に主権が正式に移譲されることになる。

しかしながら、一九五〇年早々には連邦共和国樹立を潔しとせず、その治安攪乱を狙う親オランダ勢力の反乱が各地で相次いだ。一月にはウェスターリング蘭印軍大尉の指揮による四万名におよぶ南スラウェシ住民大虐殺がおこった。共和国軍に追われて脱出、オランダに帰国した大尉は、当時英雄として歓呼をもって迎えられた。さらに四月にはマカッサルでのアンディ・アジズの反乱、親蘭勢力による南マルク共和国の分離独立運動などがつづき、本来親蘭であったはずの連邦構成諸国の反発をも招くことになる。こうした状況を受け、スカルノは連邦を構成する諸国と協議、一年足らずのちの八月一七日、独立宣言五周年の日を期してこれら諸国を糾合して、宿願の単一共和国成立を宣言した。

インドネシア連邦共和国の発足

とはいうもののハーグ円卓協定では、旧蘭印版図を連邦共和国とする原則を掲げながらも西ニューギニア（現パプア）は依然オランダ領として残され、その最終的帰属は今後の交渉に待つこととされた。またこの際に公布されたインドネシア共和国暫定憲法は西欧的議会制民主主義による責任内閣制を規定し、スカルノは相変わらず名目的元首にとどめられていた。さらにはオランダの経済的支配もそのまま存続していた。ハーグ円卓協定にもとづき、すべての外国資産はもとの所有者に返還されることとされ、旧蘭印債務を継承したほか金融為替・貿易業務は一〇〇パーセント蘭系のオランダ商業会社（NHM）、ナショナル商業銀行が支配するところとなった。大部分の貿易決済も、欧州決済同盟（EPU）の準会員として、オランダを通じて行われ、貿易・通貨経済の根本は依然オランダが掌握していたのである。スカルノにすれば、独立を達成したものの「革命未だならず」の不本意な心境であった。

第三世界のリーダーとして

バンドゥン会議を取り巻く国際環境

バンドゥン会議への道

インドネシアが独立戦争を闘っていた当時、東西冷戦は東南アジアにも波及し、一九四八年にはビルマ、マラヤ、そしてインドネシアにおいて共産党の武装蜂起が相次いだ。一方、この共産党によるマディウン反乱を武力鎮圧したインドネシア政府は、翌年末にはオランダからの主権移譲を受け、名実ともに独立を果たすと同時に西欧流の議会制民主主義を導入、オランダ資産返還、蘭印旧債務を継承することで西側世界の一定の信用をかちとることに成功する。一九五〇年一月、ソ連がインドネシアを承認、同年八月、新中国がジャカルタに大使館を開設している。だがインドネシアではその後五年の間にハッタ内閣、ナシール内閣、スキマン内閣、ウィロポ内閣、そして第一次アリ内閣にいたる短命内閣の交代による政治的不安定がつづくことになる。そして、五二年二月のスキマン内閣倒閣を招いたアメリカとのMSA（相互安全保障法）協定受入れ挫折、アメリカにとって「信頼に足る」人物の相次ぐ不入閣などを受け、アメリカのインドネシアに対する眼は冷淡なものとなっていった。その一方でインドネシアに対する中国、ソ連による有形無形の援助攻勢は激しさを極めるようになる。

一九五三年三月のスターリン死去が、東西の緊張緩和をもたらしたことは周知のとおりである。同年七月の朝鮮戦争休戦、翌五四年七月にはジュネーブ協定によりベトナム休戦がなるなど、東南アジアにおける冷戦も「雪融け」の兆しがみえはじめてきた。一九四〇年代後半にアジアに吹き荒れた武装闘争路線は影をひそめ、国際共産運動においても中ソの指導のもと、民族ブルジョア政府との連携を唱える国民戦線方式が広く繰り広げられるようになる。

マディウン反乱で一度は壊滅したインドネシア共産党が中国の強い影響下でアイディットら新執行部体制のもと、国民党との協力をすすめる国民戦線路線を確立するのは一九五四年のことであった。イスラム政党の分裂、国民戦線路線の効果で多数派を確保した国民党左派は、五三年七月、スカルノの強い支持のもとアリ・サストロアミジョヨ内閣を発足させる。ネルー（インド）、ウ・ヌー（ビルマ）、ナセル（エジプト）らとともにアジア・アフリカ諸国の指導者としての名声を打ち建てることで再び共和国の主導権を握り、革命を強力に推し進めていこうというスカルノの強い意思は、このアリ内閣発足によってその端緒をつかむことになる。

一九五四年四月、インド、パキスタン、セイロン、ビルマにインドネシアを加えたコロンボグループ首相会議においてアジア・アフリカ諸国を結集した会議の提案が行われた。当初コロンボグループのうちインド、ビルマはその開催に消極的であったが、アリ首相は九月にニューデリーを訪問、インド、さらにビルマの開催支持をとりつけ、一二月にはインドネシアのボゴール会議において、翌年のバンドゥンでの開催と会議のプログラムが決定された。アリ首相がイニシアチブをとって提議されたアジア・アフリカ会議開催が支持されるようになった背景には、六月の周恩来首相のインド初訪問成功がある。そこで確認された周＝ネルー五原則（領土主権の相互尊重、相互不可侵、内政不干渉、平等互恵、平和共存）は、翌日には周＝ウ・ヌー・ビルマ首相との間でも確認された。その後間をおかず、この外交原則が北ベトナム、ユーゴスラヴィア、エジプトなど、相次いで国際的に広く支持されるようになったことが、バンドゥン会議（アジア・アフリカ会議）へ向けての国際環境整備に大きく寄与したのであった。

バンドゥン会議と日本

一九五五年四月一八日から二四日にかけて、西部ジャワ・プリアンガン地方の高原都市バンドゥンに、コロンボグループ五ヵ国を含むアジア一五ヵ国、アラブ一一ヵ国、アフリカ三ヵ国の計二九ヵ国、さらにオブザーバーとしてキプロス、モロッコ、チュニジア代表が集結、会議議長にはアリ・サストロアミジヨヨ首相が選出された。議事進行の全権は議長に一任され、形式的な投票裁決は廃止し、全会一致の場合にのみ決議を行う方式がとられた。のちの国連総会などの国際会議におけるコンセンサス方式の先駆けともいえるものであり、本会議成功の一因として挙げることができるであろう。

日本からは高碕達之助経済審議庁長官（代表）、外務省から谷正之、加瀬俊一ら総勢二八名が参加している。アジアの一員として会議に招聘《しょうへい》された日本ではあったが、賠償問題は未解決であり、太平洋戦争の傷痕の残るアジア諸国にとって会議における日本の存在は小さいものであった。当時の日本は、敗戦によってはじめて反植民地主義の立場に立った「新参者」にすぎなかった。バンドゥンではインドネシア、中国とそれぞれ個別に高碕・スナリオ（外相）会談、高碕・周会談などがもたれたが、日本の「アジア復帰」の象徴的意味はあるとしても具体的な外交成果は乏しく、本格的なアジア外交は今後に待たなければならなかった（宮城大蔵『バンドン会議と日本のアジア復帰』）。

一週間ほどの滞在中、日本代表団はインドネシア側とどのような関わりを持ったのだろうか。「アジアの孤児」となることを憂慮した日本にとって、バンドゥン会議への参加は大きなメリットであったが、二八ヵ国を迎える主催国インドネシアからみれば、日本の存在は二八分の一でしかなかった。少なくとも、ジュネーブ会議で国際的名声を博していた周恩来首相に率いられた中国、あるいはネルーのインド、ナセルのエジプトなどアジア・アフリカの主要国に比べると、元首でも首相・外相でもない代表に率いられた日本の存在は、とくに重要なものとは認識されなかった。アリ・サストロアミジョヨ首相の回想録でも、バンドゥン会議における日本の動きはほとんど黙殺されている（Ali Sastroamidjojo, *Tonggak-Tonggak Perjalananku*）。

高碕代表は会議二日目に、「日本は平和民主国家として世界に貢献する、アジア・アフリカ諸国の経済発展に協力する」などを骨子とする代表演説を行った。これに対してインドネシア国営放送は、「あまりに漠然としていて具体的問題にふれていない。われわれは日本代表が経済・文化の交流においてもっと積極的な態度を示すものと期待していた」

「日本がアメリカに気がねしてバンドゥン会議に気乗りが薄いような印象を受けた」との一政府高官の論評を手短かに紹介するにとどまった（『朝日新聞』四月二〇日）。

ここでインドネシア側が「具体的問題」として指摘したことの一つは、いうまでもなく賠償問題であった。賠償については一九五三年九月、岡崎勝男外相が戦後の現職外相としてはじめて東南アジア四ヵ国を訪問し、インドネシアに対しては一億二五〇〇万ドルの賠償額を提示していた。しかしアリ首相はとうてい応じられる額ではないとして、それ以降交渉は事実上中断されたままであった（後藤乾一『近代日本とインドネシア』）。

このような背景があったため、バンドゥン会議中の四月二三・二四日、高碕代表と会談したスナリオ外相は、執拗に賠償額の上積みを要請した。これに対し日本側は、サンフランシスコ講和条約第一四条を楯に日本の支払い能力の枠外ではむずかしいと答え、平行線をたどるのみだった。また、スナリオは、フィリピンに対する二億五〇〇〇万ドルの賠償提案と比べ、インドネシアが低いのはなぜかと質問したのに対し、高碕は「フィリピンでは日本の兵隊もたくさん死んでいる。それだけ戦争が激しかったし、被害も多かった」と答えたが、これについては、スナリオは「これはわれわれの関知しないことである」と一蹴している（『朝日新聞』四月二五日）。

日本・インドネシア間の国家関係という個別的なレベルでみるならば、上でみたようにバンドゥン会議は具体的な点での成果をみなかった。しかしながら、いうまでもなく、この会議の史的な意味は、そのような細部な点にあるのではない。

スカルノの国際的名声

バンドゥン会議の意義は、政治・経済・文化あらゆる分野においてあまりにも多様なうえに、東西対立、招聘国同士の深刻な紛争対立（とくにインド・パキスタン間）も抱えるアジア・アフリカ諸国を、その相違の一切を乗り越え、ただ「有色人種」「反帝国主義・反植民地主義」という点において鮮やかにまとめあげることに成功したことにある。スカルノが開会演説において「人類史上初の両大陸にまたがる有色人種の会議」と呼び、「この会議が人類に導きを与え、人類に対して安全と平和の達成のためにとるべき道を指摘することをのぞみます。アジア・アフリカが更生した、いな新アジアと新アフリカが誕生したことをこの会議が立証するであろうことを期待いたします」と述べたことが、この会議のすぐれて文明的な意味合いを如実に表している。アジア・アフリカ諸国にとって、「バンドンで打ち鳴らされたアジア・アフリカの夜明けを告げる鐘は、数百年にわたる屈辱的生活から一七億の人々を呼び覚ました」とともに、その鐘の音ははるかヨーロッパ植民地帝国諸国には「弔鐘」として耳に届いたのである（ヤン・ロメイン『アジアの世紀』）。

バンドゥン会議の最大の成果としては、その後の国際政治における重要な基調となったアジア・アフリカ諸国の連帯、反帝・反植民地主義、平和共存、相互内政不干渉を柱とするバンドゥン一〇原則を採択することに成功したことがよく知られている。バンドゥン会議はさらに中国が参加し、合意に達したことで中国の国際的孤立を終わらせることになり、東南アジア地域の安定化に向けての大きな成果となった。それまで、中国と反共的なフィリピン、パキスタン、セイロン、国境を接するタイ、カンボジアなどの諸国との間には、中国の「革命輸出」的な外交政策に対する根強い不信があり、地域的不安定の大きな要因となっていた。だが会議における周恩来外相の「求同存異」（一致点を求め、異なる問題は保留する）方式と周＝ネルー五原則の「平和共存、相互内政不干渉」を再確認する宥和《ゆうわ》的な対応、さらにはスカルノ、ネルー、ナセルらによる努力により、周辺諸国の不信感を一定程度緩和することに成功した。

なによりもインドネシアにとっての最大の成果は、成否が案じられた会議を主催国として成功させたことにより、スカルノがアジア・アフリカの民族解放運動指導者として国際的な名声を獲得することになったことである。第三世界指導者の仲間入りをしたスカルノは、共和国の偉大な建国者、統一者として再びインドネシア民衆の熱烈な歓呼の前にあらわれた。一九五五年九月二九日の第一回総選挙は、バンドゥン会議成功の余勢をかってスカルノの支持基盤である国民党、国民戦線により国民党と提携した共産党の躍進にむすびついた。一方、ハッタ副大統領の支持基盤であるマシュミ党は、スカルノ支持派の分裂によりもう一つの有力イスラム政党ナフダトゥル・ウラマと票を分けることになり、伸び悩むことになる。シャフリルの支持基盤である社会党は見る影もなく没落した。こうして国民党、マシュミ、ナフダトゥル・ウラマ党、共産党の四大政党制のもと、中ソとの接近はアメリカの反発を招き、各国入り乱れての外交戦が開始される。ジャカルタの夜は、各国外交団の華やかな駆け引きの場ともなっていくのである。

こうした政党人、官僚、軍の将星、あるいは各国の外交官、ビジネスマン入り乱れての「宮廷政治」における社交界のもつ政治的意味は、この時代のインドネシアでは特別に大きい。一九五三年、スカルノはまたもある女性と出会うことになる。すでに夫も子どももあるハルティニであった。西欧流の教養を身につけ、華やかな社交家でもあったハルティニは、素朴なインギット、ファトマワティとはまったく異なるタイプの女性であった。五〇年代、六〇年代のジャカルタ政界における大統領への非公式パイプとしての社交家ハルティニの存在は、スカルノにとり欠かせぬものとなっていった。

人妻であったハルティニとの結婚をめぐっては、一夫一婦制を訴える婦人団体を中心に反対運動が起こった。一九五五年にハルティニを第二夫人として迎えるにあたり、日本軍占領期から独立戦争の時代を通じ、スカルノを支えつづけ、すでに五人の子（現副大統領メガワティは長女）をもうけていたファトマワティは、これを許すことができなかった。以後ファトマワティは、スカルノのもとを離れてジャカルタのクバヨランに移り、別居生活に入ることになる。ファトマワティと子供たち、そして世論の反発を受けたハルティニはジャカルタの大統領宮殿に入ることを許されず、ジャカルタ近郊の避暑地ボゴールにある保養を兼ねた官邸、ボゴール宮殿に入ることになった。

「正妻」ファトマワティやその子どもたちの反発もあり、スカルノが実質的な「正妻」でありながらハルティニをついにイブ・ヌガラ（国母、ファーストレディ）の地位につけなかったことも、ハルティニをして自らの生き残り、立場強化のためにことさらに政治の世界に接近させる契機となったといわれている。一九五九年、スカルノは議会解散、一九四五年憲法復帰を宣言、大統領自らが内閣首班となり、以後国政の全権を掌握するにいたる。この「大統領のクーデター」ともいわれる一九四五年憲法復帰に際して、ハルティニの大きな精神的後押しがあったといわれているのも興味深い点である（J. D. Legge, *Sukarno*）。

西イリアン解放闘争

「革命」の継続

バンドゥン会議の成功により第三世界の指導者の仲間入りを果たしたスカルノは、対外的名声を確固たるものとしたものの、いまだオランダ植民地主義の残滓《ざんし》を抱え込んでいた。筆頭は、オランダが主権移譲後もその保持に固執する東南アジア最後のオランダ植民地、西ニューギニア（イリアンジャヤ、現パプア）の存在であった。なにより蘭領西ニューギニアは戦前に多くの民族主義運動活動家がオランダによって流刑された地であり、過酷な環境にその多くが疫病に倒れ、無念と孤独のうちに異境の土となった地であった。その恨みを晴らすべく、また「旧蘭領東インド」版図をインドネシア共和国とする建前からも、その「解放」は当時のインドネシア民族革命完遂に不可欠のものであったといえるのである（ただしこのことは、パプア側からは大国インドネシアによる新たな植民地主義と映じた）。

さらには、オランダ植民地遺制と日本軍政下の戦時経済、さらには独立戦争による疲弊はあまりにも大きかった。オランダの残したモノカルチャー経済と封建的な残滓《ざんし》の残る農業・農民問題は未清算であり、人口の七〇％近くを占める零細農民は依然貧困にあえぎつづけていた。都市部でのストライキ、農村部での地代引下げ闘争の激化は、貧困線以下をさまよう大多数の民衆のエネルギーのはけ口であった。その一方でスマトラ、スラウェシの農園主、保守的な地主層、都市部の西欧教育を受けた知識層など、植民地時代よりある程度の既得権を獲得し、対オランダ協調路線を支持してきた社会党、マシュミなどの政党は、支持母体のコミュナルな利益を越えて勢力を拡大することができず、その力をすでに失いつつあった。

こうしたなか、民衆の不満の受け皿として幾多の労働組合・農民組合を傘下に、共産党の躍進がみられることになる。一九五二年には七九〇〇人といわれた共産党員は五四年には一六万五二〇〇人、五九年には一躍一五〇万人、そして六二年には二〇〇万にまで膨れ上がっていった。

これに危機感を強める国軍もまたその政治組織化をすすめ、政党系に分かれていた在郷軍人組織を一本化、さらに軍民協力組織を結成し、軍主導による大衆の組織化を進めることになる。ことに国軍は、独立戦争において中央政府がオランダの手に落ちた後もゲリラ闘争を継続したという自負心を持ち、民衆との深い結びつきをその建軍思想の核としていた。こうした経験もあり、国軍は多くの第三世界諸国同様に、非常時には社会行政のあらゆる機能を肩代わりし得るという自己認識を持つ組織であった。農園・工場・鉱山などのオランダ資産国有化をすすめるなかで、各地の軍将校は、所長・社長として直接その管理の任にあたり、また在郷軍人組織は農村部にまで深く浸透していた。その点からも、国軍が共産党に対抗しうる唯一の組織であったわけである。

スカルノは国内に高まる不満のエネルギーを、第三世界の反植民地・民族主義のうねりを追い風として「西イリアン解放闘争」というスローガンのもとに流し込むことでそのはけ口を与えるとともに、その大衆動員のエネルギーによって一気に国際的緊張を高め、オランダ植民地主義の残滓、西ニューギニア奪還を果たそうとしたのである。共産党・軍による大衆動員・組織化競争は、「西イリアン解放」を共通のスローガンとしてここにはじまることになる（首藤もと子『インドネシア　ナショナリズム変容の政治過程』）。

だがこのことはとりもなおさず、オランダとの対立の先鋭化を意味していた。国内では、「西イリアン解放」のスローガンのもと、反オランダの気運がさらに高まりつつあった。在留オランダ人に対する排斥運動は、商店、ガソリンスタンドなどあらゆる分野ですすみ、オランダ系農園・企業においては共産党系の労働組合（SOBSI）の指揮によるストライキが頻発する。一九五六年二月、第二次アリ内閣はオランダ女王をいただくオランダ＝インドネシア連合の一方的破棄をオランダに通告した。五月には非インドネシア人の財産返還を含む付属協定も破棄、ハッタの主導したオランダ＝インドネシア連合にもとづく対オランダ協調路線はここに明確に終わりを告げる。

「指導された民主主義」

一九五六年一二月一日、スカルノの容共政策に反対して七月にすでに辞意を表明していたハッタが副大統領を辞任、それから間もなくの二〇日、歩調を合わせる形で中部スマトラに反スカルノを掲げた地方軍部の反乱が発生、反乱軍による地方政府の接収がはじまる。同日、メダン市でシンボロン大佐がガジャ評議会を設置、二二日にはパダンでフセイン中佐がバンテン評議会を設け、中央政府からの分離を発表する。ナスティオン陸軍参謀長は五七年二月一五日、各地方の評議会活動の禁止を指令するが、二月一八日にはスラウェシ、ハルマヘラ、マルク、ヌサトゥンガラを支配下においたスムアル中佐がマングニ評議会を設置、行政権の接収を開始している。一九五七年二月二一日、スカルノはこれまでの国民党（Nasionalis）、イスラム政党（宗教Agama）に加えて共産党（Komunis）を含む連立内閣、いわゆるナサコム（NASAKOM）連立のうえにスカルノをいただく、指導された民主主義構想を発表する。これは反スカルノ、親マシュミ・社会党系軍人による地方反乱、国内の経済混乱を受けて、それへの対抗上からも、スカルノは共産党の政権への取り込みを必要としていたことによる。こうした地方軍部による反中央政府反乱を収拾できない第二次アリ内閣は、三月一三日に総辞職、スカルノは一五日に戒厳令を布告して議会を事実上停止する。戒厳令下、スカルノはここに大統領・国軍最高司令官として国権を全面的に掌握する。

戒厳令下、アリ内閣の後継としてスカルノは国民党委員長スウィルヨに組閣を命じたがスウィルヨは事態を収拾できず、四月二日に辞職、それを受けてスカルノは政党・軍・警察・検察代表を招集して事態を協議、スカルノを正式に組閣者として任命した。四月九日にはスカルノの強力な指導のもと、ジュアンダ超議会内閣が発足、以後の西イリアン解放闘争、地方反乱などの解決にあたることになる。

一九五七年一一月二〇日、スバンドリオ外相は以後国連の場を通じての西イリアン問題解決を二度と期待しない旨のスカルノの談話を発表した。一一月二九日、国連総会は親インドネシア決議を否決、これによりインドネシアにはオランダとの「限りなく戦争に近い」直接対決による解決の道しか残されないことになった。一二月三日、政府は西イリアン解放・対オランダ抗議二四時間ストを指令、共産党系全国労組SOBSI指導のもと、労働者によるオランダ企業の占拠が実行された。オランダ企業占拠が完了すると、「争議行為の行き過ぎ防止」のため、武装した国軍将兵が派遣され、軍の管理におかれることになる。一二月一三日のナスティオン将軍の指令により、接収企業は正式に軍の管理下におかれることとなり、ここに実質的に自国の軍人社長をいただく国営企業が誕生することになる。やがてこの一年後にはオランダ企業国有化法が公布され、名実ともにオランダ資産国営化は完了する。

国内経済の危機

しかしながら、インドネシアの国内海運の四分の三を独立後も独占してきていたオランダの王立汽船会社（KPM）は、接収に対抗して一九五七年末にはその船舶を周辺諸国へいっせいに引き揚げてしまう。群島国家にとって、海運網は国家の動脈である。ジャワからの食糧・生活物資の供給、スマトラ、カリマンタンからの天然資源輸入の輸送手段を絶たれたスカルノ政府は存立の危機に立たされた。さらに五七年一二月から五八年一月にかけて、スマトラ、スラウェシで反スカルノ反乱が勃発する。この反スカルノ反乱は、ハッタの副大統領辞任により下野した社会党、マシュミ党系の反スカルノ勢力が中心におこしたものであった。スカルノの容共政策と、ジャワ中央対地方の政治的経済的格差に対する反発が主たる原因であり、反乱勢力はアメリカの非公式の支援を受けていた（Audrey R. Kahin and George Mct. Kahin, *Subversion as Foreign Policy*）。

西イリアン解放闘争による軍事費の大幅な増加で財政は限界にきており、ストライキは慢性化し、激しいインフレが国民を襲っていた。さらに麻痺した国内海運網復旧のための内航用船舶の緊急調達をはじめ、華やかな対決姿勢とはうらはらに国内経済は危機的な状況をむかえていた。スマトラ、スラウェシの反乱はより反共色を強め、東西両陣営の狭間で国内統一も風前の灯であった。国連での平和的な西イリアン問題解決も期待できず、軍事進攻作戦とオランダ資産接収による強硬手段をとるほかなくなった。米中ソ三すくみの状況下、「指導される民主主義」の下に全権を掌握したスカルノがその威信を傷つけることなく唯一緊急に支援を求め得たのは、「賠償」が懸案となっていた日本であった。

対日賠償問題の決着

スカルノが国連での西イリアン問題の平和的解決放棄を宣言して六日後の一九五七年一一月二六日、岸信介首相はジャカルタを訪問する。翌二七日には賠償問題に関して、両国首脳の間で合意が成立したと公表、外務当局による交渉が暗礁に乗り上げていたなか、大方の予想を裏切る劇的な決着であった。同日夕方には、予定になかった大統領主催のレセプションが開催されている。それから間もなくの一一月三〇日、スカルノは子どもたちの通う名門チキニ小・中学校のバザーに参加するが、その際イスラム過激派による爆弾テロに遭遇、付近にいた学童や副官のスダルト少佐ら多数の死傷者を出す大惨事となった。一二月三日の対オランダ企業ゼネストとその資産接収は、こうした背景のもとに強行されたのである。明けて五八年一月二九日、日本・インドネシア共和国平和条約および賠償協定の締結（一月二〇日）をうけ、独立後はじめて来日したスカルノ大統領は岸首相と会談、この際、賠償を担保に日本の中古船舶一〇隻の緊急輸入が、これもまた事務レベルを飛び越え、両首脳間で合意される。この来日中、スマトラで再び反スカルノ反乱が勃発、スカルノは急遽《きゅうきょ》帰国の途についている。同年三月一三日にインドネシアが、四月四日に日本がそれぞれ賠償協定を批准、四月一五日には平和条約が発効し、両国総領事館は大使館へと格上げされた。

一九五七年一一月二七日の予想を裏切る賠償合意発表は、こうした緊迫した状況下のことであった。インドネシア現代史研究者の倉沢愛子はこの事実をもって、次のように推測している。インドネシア政府が一二月の事実上のオランダ資産国有化という「強行手段を断行するか否かの決定に際して、日本との賠償交渉の結果が左右した可能性は大いにある。つまりやがて日本の賠償が入るということを計算にいれて、あえてオランダとの最後の決別をもたらすような行為に出たという可能性は否定できないのである」(「インドネシアの国家建設と日本の賠償」『年報日本現代史』第五号)。

またこの賠償妥結、さらには賠償を前倒しにした形での異例の船舶緊急輸入の決定などが、スカルノと岸両首脳のみによる密室での交渉で決定されたことが今日では知られている。両国外務省の頭越しにスカルノ=岸の極秘のトップ会談で賠償額が決定され、両国事務レベルの不満もまた募っていたことも、二〇〇〇年春に公開された日本外務省の文書や関係者の回想は示唆している。外交文書の中にも、不明瞭な金銭の流れが垣間見られる。賠償協定調印直前の一月一七日、日本外務省はジャカルタ公使宛に次のように訓電している。

賠償額は二億二三〇八万ドル《ドル》とし、六〇〇〇〇ドル《ドル》は現金払いと決定。右の六〇〇〇〇ドル《ドル》は賠償の名を明示することを避け、大臣より調印を祝って適当な施設へのコントリビューション（寄贈）の名目をもって手渡す。大臣より口頭にて伝達し、文書を用いざる予定。

スカルノの影の部分

さらには賠償の交渉と実施にあたり、日本＝インドネシア間には賠償の利権をめぐる日本企業、ロビイストの「暗躍」や「汚職」の噂がとどまるところを知らなかった。とりわけ船舶緊急輸入の決定に際し岸首相は、スバンドリオ外相に対してその輸出商社として「船舶は、木下商店が（インドネシアの）海運省と話し合っていると聞いている。できるだけ要望に応じたい」と発言、木下商店を名指しで推薦、結果的に木下商店が落札することになる。木下商店はこれにより六億から八億円相当の利ザヤを稼ぎ、この謝礼として時価三〇〇〇万円相当の熱海の別荘を岸に贈ったとの疑惑がもたれている。この疑惑は翌年二月の国会でも追及されるところとなったが、両者はこれを事実無根として全面的に否定している。

また賠償にからみ、スカルノを取り巻くさまざまな日本側関係者の思惑をはらんで、何人もの日本女性が「友人」を介してスカルノと「出会い」、インドネシアへ渡ったといわれている。一九五八年五月、木下商店によるインドネシア向け船舶緊急輸出契約が報道され、金勢さき子が木下商店ジャカルタ支店長豊島中（東亜同文書院卒、戦前はバタヴィア総領事館、戦中はジャワ軍政監部華僑班に勤務）の娘の家庭教師としてジャカルタに渡り、スカルノに紹介されたのはその年の一一月のことであった。その後悲劇的な自殺を遂げたこの金勢さき子をはじめ、小林喜子、根本七保子（デヴィ）、行方不明となった中田康子など、数多くの日本女性が日本＝インドネシア関係の裏を流れる奔流に呑《の》み込まれていったともいわれる。それればかりか、当時スカルノは訪日のたびに各国選りすぐりの美女をつねに従えていたことも、今日のインドネシアでは決して公に語られることのない国民的英雄、人間スカルノの影のエピソードである。

しかしながら忘れてならないのは、当時のスカルノは内憂外患の生存をかけた闘争のさなかにあり、「国家のためなら悪魔にも魂を売ることを辞さない」（『自伝』）革命家だということである。一万余の島嶼《とうしよ》、数百を数える民族集団を植民地のくびきから解放し、団結させたスカルノが、「清濁」「善悪」のすべてを併せ呑むジャワの伝統的神話世界を背景に、激しい権力闘争のなかから生まれ出てきたことは紛れもない事実である。英雄スカルノ自身がすべての権力・権威の光の中心であるとすれば、その影もまた人間スカルノの一部であるといわざるを得ない。

スカルノの「政治」「汚職」観

インドネシア独立宣言文の起草に前田精、吉住留五郎らとともに助力した西嶋重忠は、オランダ軍による抑留を経て一九四八年二月に復員、その後五三年、大統領となっていたスカルノに日本の民間人としてははじめて謁見している。その際のことである。独立後のインドネシアの印象を問われた西嶋は、最初「街も綺麗になったし、フラット（アパート）もできたし結構なことと思う」とあたりさわりのない返事をした。それに対して「そんなお世辞ではなく、本当のことを話してくれ」というスカルノに、まる一〇歳年下の西嶋は次のように答えた。「では申し上げよう。私はヤカンや土瓶を売っている商人だが、ライセンスを入手するのに賄賂《わいろ》を必ず払わねばならない。こんなことでは新興国の将来が心配だ」。するとスカルノは言葉を荒げて「新興国はみなそうなんだ。インドネシアも他の国との取引で同じような経験をしているんだ」。西嶋はそれには「他人が泥棒をすれば、自分もしてよいことにはならないだろう」と強く言い返した。その場はスバルジョのとりなしで収まったが、直情径行で歯に衣着せぬ西嶋と熱血漢スカルノの間には、かなり激しいやりとりがあったようである（西嶋重忠「戦後手記」）。スカルノが自らの新国家が外部からどのようにみられているかをつねに気にかけ、「汚職」を批判されることに激しく反発していたことを示すエピソードである。

その後インドネシア中央政界では、スカルノを中心に政治学者S・ハンティントンのいう「国王を取り巻く宮廷政治」ともいえる駆け引きに満ちた政争が展開されることになる。とりわけ一九五九年の四五年憲法復帰によりあらゆる権限を独裁的に掌握したスカルノのもとには、当然ながら露骨に利権・許認可権を求めて、あるいは親スカルノ、反スカルノそれぞれの政治的な思惑を秘めて、内外のありとあらゆる多様な人士が離合集散した。

スカルノは自らの周囲にまとわりつくさまざまな人士を、また「汚職」というものをどうみていたのか。スカルノの私的な特使として日本とインドネシアの間を行き来し、賠償のかげに「暗躍」したといわれる華人系インドネシア人チョウ・シン・モ（鄒梓模）によれば、一九六〇年当時スカルノは次のように答えている。

インドネシアの政情は今日なお不安定である。この政情不安を回避し、政治の基礎固めをしなければならない。そのためには、政府の周辺にできるだけ広く政治的な人間を結集しなければならない。身辺のきれいな人は金がない。金がないと、人の結集はできない。腐敗・無能なのが普通の人なのであり、そのような人と組めばグループの結集ができるし、政治の基礎も固まる。清潔なグループのほうが、さきに倒れる。

また、腐敗した人間には利用価値があり、その腐敗した人間の利用に失敗すれば、さきの腐敗を理由にして、その人間の首を切ることもできる。……何千年来の人間の権力闘争の世界はきたないものなのだ。それが現実だ。（増田与編訳『スカルノ大統領の特使』）

チョウ・シン・モ自身賠償をめぐる不透明な両国間交渉の背後を行き来し、「汚職疑惑」の渦中にいたひとりであり、またスカルノ自身が実際にこのように語ったのかどうか資料的に裏付けられるわけではない。しかしながらスカルノのジャワ宮廷を再現したかのような政治スタイル、さらにはオランダ植民地体制との苛烈《かれつ》な闘争、独立後の反対勢力との政治闘争を生き抜いてきたことを思えば、スカルノのこうした冷徹なマキャベリズムはうなずけるものである。長年の同志であり、ライバルであったハッタ副大統領の下野、その支持基盤であったインドネシア社会党、親西欧的なイスラム政党マシュミ勢力による地方反乱の鎮圧は、反対勢力の一掃にはつながった。

しかしながらこのことは、その支持者であった多数の知識人官僚を政府から一掃する結果となり、西欧教育を受けた有能な実務をこなせる人材を多数失うことにもなったのである。さらにはそれまで政権を支えてきた民族資本家・地主層をも敵に回す結果となり、スカルノは権力基盤強化のためにその質を問わず、早急に新たな人材や資本家を自分の周囲に糾合する必要に迫られていたことも事実である。ここにスカルノ政権人士の腐敗、共産党への接近のひとつの理由がある。

スカルノ自身についても、当時利権目当ての日本企業関係者に対して堂々と「革命資金」拠出を求め、その非公式の政治資金、あるいは大衆運動資金として費やされていったといわれる。スカルノ失脚後、その巨額の資金の行方はようとして知れないともいう。なかでもジャカルタのムルデカ広場にある独立記念塔は大量の黄金を使い、地下に独立宣言文を安置してその威容を誇っているが、その建設費用が「革命資金」から拠出されたことはとみに有名である。

スカルノ自身は個人的蓄財に執着を持たず、失脚後はその日の米や野菜にも事欠くほどの寂しい晩年を過ごしたことは知られているが、「政治に金は不可欠」という彼の徹底したマキャベリズムは、その後のインドネシア政治、対日関係の背後に生きつづけたであろうことはまちがいない。注意すべきなのは、インドネシアの伝統的政治社会文化が腐敗・汚職に対して寛容であったことを指摘する向きもあるが、腐敗・汚職は程度の差こそあれ植民地政庁内にもあったものであり、その原因をすべてインドネシア固有のものと捉えてしまうのは短絡であるということである。汚職の温床といわれる煩雑な許認可手続き、徹底した形式主義、様式までも含めた文書主義は、制度を引き継いだオランダ植民地政庁機構に由来するものでありながら、こうした制度的遺制を指摘する声は驚くほど少ない。

闘争の終わり

スカルノ政治の明暗

スカルノの政治美学

大統領スカルノは、国家の「体面」、自らのスタイルというものを非常に気にし、国民に、そして世界にどう見られるかにつねに気を配りつづけてきた。政治外交舞台、そして国民の前に姿をあらわすとき、スカルノはつねに胸に数多くの略綬《りゃくじゅ》や金の紋章を縫い付けた仕立ての良い軍服仕様の大統領服に身をかため、指揮棒を携え自信に満ちて登場した。西側のマスメディアはそのこれみよがしの派手な姿をたびたび揶揄《やゆ》したが、その理由をスカルノはこう語っている（『自伝』）。

インドネシアの指導者は威風堂々たる格好をしていなければならない。彼は力にみなぎっていなければならない。一度征服された人種にとって、これは欠くべからざることである。われわれの国民は、白人が権威のシンボルであるスマートな制服を着ているのを見慣れている。そして、劣等のシンボルであるサロンに身を包んだ自分たち自身を見慣れている。私が総司令官になったとき、私は彼らが英雄像を欲しているのを知っていた。私はそれを与えた。最初は金の短剣さえ腰に帯びていた。人々はそれを敬慕していた。……私が軍服に身を包むときは、私は同時に自信のマントで精神を包むのである。これが人々に伝わるのだ。これが人々には必要なのだ。

このスカルノの考えにのっとれば、スカルノにとって自らが、また自分が率いるその政府がどう見られるかが重要なことであったことが理解できる。インドネシア政治史家のH・フィースは、スカルノ時代のインドネシアでは、政府が何をしているのかということよりも、政府がいかなるものなのかが問題であり、スカルノはつねにそのことを念頭においていたと指摘している（H. Feith, 'Dynamics of Guided Democracy', in R.T. Mcvey, ed., *Indonesia*）。

ジャワ古来の王朝に由来する伝統的な王権概念は「清濁」「善悪」すべてを合わせ飲むすべての中心、懐の深い超越的な光の概念である。崇高な王から発せられた霊的な光は王宮の中心から王国のヒエラルキーに沿って上から下に、中心から外延に向けて放射され、その調和のとれた秩序そのものがジャワ的な宇宙を顕現している。ジャワの王朝物語やインドの叙事詩ラーマヤナなどに題材をとったワヤン物語は民衆の間で長年にわたり親しまれ、ジャワ的伝統、民族的誇りのプールとなってきた。自らもジャワ貴族「ラデン」の称号を持ち、幼いころから寝物語に聞かされ、ジャワ民衆の栄光の物語を自らの血肉としてきたスカルノは、おのずとこうしたジャワ的な政治スタイルを体現していたといわれる。バンドゥン会議成功により国際的名声を獲得し、国内的にも主導権を掌握しつつあった大統領宮殿におけるスカルノは、まさにそのジャワ王権の超越的な光であり、中心であった。文化人類学者C・ギアーツはスカルノがジャワの伝統的な権力概念を体現し、シンボル操作を通じて国民に自らを、そして政府をどう見せるかに腐心していたことを、有名な「劇場国家」論として分析している。スカルノにとって、「国の福祉というものはその首都の卓越から発するものであり、首都の卓越は首都のエリートの光明に由来し、エリートの光明はその統治者の霊的な崇高さを源とする」。だとすれば、スカルノ自ら威厳に満ちた軍服に身を包んで民衆の前に現われた理由も、おのずから明らかである。

「威信高揚プロジェクト」の象徴性

日本の賠償が経済的効果よりも政治的配慮によって決定・実施され、その多くがインドネシアの経済立て直しに必ずしも役立たなかったとの評価は、今日ではもはや定説となっている。賠償に伴う不透明な金の流れがあったことも、すでに述べたとおりである。東ジャワのネヤマ水利トンネル、南スマトラ・パレンバンのムシ河にかかるアンペラ橋はそのすばらしい成功例として知られているが、日本の外務省自体も、プロジェクトの多くが途中で頓挫したり、効果的に機能しなくなっていたことを認めるにいたっている。また、ジャカルタの目抜き通りに日本の賠償によって建てられ、その威容を誇るインドネシア初の高級デパート「サリナ」、五つ星の最高級ホテルとして建てられた「ホテルインドネシア」は、経済的効果と民生向上の観点から賠償を批判する際に、つねにやり玉にあげられるプロジェクトである。

「スカルノは、スカルノ主義を振興させるための『威信的なプロジェクト』にそれら（賠償）をつかった」という西原正の指摘のとおりである（*The Japanese and Sukarno's Indonesia*）。前節で述べたスカルノの政治スタイルに従えば、ホテルインドネシア、サリナデパートの持つ意味もおのずから明らかになってくる。たとえ目抜き通りのすぐ裏手が水たまりだらけで貧しい民家が依然立ち並ぼうとも、かつてオランダ人や白人社会の独占物であったデパートや最高級ホテルは首都の卓越を民衆に示すシンボルであり、威信であり、希望である。首都の発する卓越の光は、必ずやインドネシア全域に広がっていくのである。また、ジャカルタ市内に残る数々のモニュメントは、革命の荘厳さを体現するシンボルそのものにほかならない。とりわけ尖塔部に大量の黄金を用いた壮大な独立記念塔は、その政権末期にスカルノが「革命資金」を投入して自ら設計・施工した壮大な革命のモニュメントとして知られている。この尖塔も内外の口さがないメディアや巷間で、「女好き」で「見栄っ張り」のスカルノを揶揄して「スカルノ最後の勃起」などとあだ名されることもあった。独立宣言文を安置する荘厳な奉安殿の時代がかった仕掛けを揶揄する向きもある。

だがアメリカのリンカーンメモリアル然り、いずれの国家にとっても、その建国と独立の歴史は人為的に創造された神聖な物語である。そもそも近代の国民国家がこうしたフィクションとシンボル操作のもとに、多様な民族・文化を人為的に統一・統合されてできてきたことを忘れてはならない。ホテルインドネシアやサリナデパートは、その後外資系の最高級ホテルや新興デパートの進出や、設備の老朽化もあってかつての勢いはないものの、老舗の格式をもって今日でも都心タムリン通りの名物となっている。独立記念塔はその「浪費」をとやかくいわれながらも、今日にいたるまでインドネシア共和国のシンボルとして多くの市民に親しまれ、自らの独立の歴史をふりかえる神聖な場所となっている。

カレル・ドールマン「日本寄港」問題

インドネシアが総力を結集して推し進める「西イリアン解放」闘争は冷戦のはざ間で国際的にも大きな緊張をエスカレートさせつつあったが、日本とも決して無縁なものではなかった。長崎の出島が、インドネシアを拠点とした「オランダ植民地主義三五〇年」における対日貿易独占の極東ポストとして重要な役割を果たしたことはよく知られるところである。戦後のオランダにとっても、日本は遠く離れた極東における西側のポストとして認識されており、こと西イリアン防衛に際してはフィリピンと並ぶ重要な西側の補給・中継地であった。一九六〇年五月、オランダ政府は「西ニューギニア」防衛のため、同国唯一の空母カレル・ドールマンと駆逐艦二隻の派遣を決め、「日蘭修好三五〇年」を記念した親善寄港の名目で、日本での補給・兵員の休養を予定していた（Hans Meijer, *Den Haag-Djakarta : De Nederlands-Indonesische Betrekkingen 1950-1962*）。

日本外務省は、当初オランダの要請を許可したが、日本のオランダ艦隊寄港許可の報に接したインドネシア側の反発は、予想以上に激しいものであった。八月一一日、バンバン・スゲン駐日大使は、日本政府のカレル・ドールマン寄港許可の意向に対し小坂善太郎外相に抗議覚書を手交する。次いで二三日、スカルノ大統領は黄田多喜夫大使を招きカレル・ドールマン横浜寄港許可取り消しを強く要求している。三一日には、インドネシア国会はカレル・ドールマン寄港許可に対する対日抗議決議を行った。

これらに呼応する形で日本国内では革新・市民団体挙げての反対運動がおこり、賠償実施の本格的段階にあった財界も挙げてこれに反対した。こうした激しい反対運動を受けて九月三日、ついに小坂外相はヨハン駐日オランダ大使に、カレル・ドールマンおよび護衛艦の横浜入港延期を要請するにいたっている。この間、スカルノは第一五回独立記念日に際し、オランダとの国交断絶を宣言した。

インドネシアの反植民地主義の闘いは、アジア全体を巻き込む大きなうねりとなっていた。日本の寄港拒否に次いで、フィリピンでの艦隊のドック入りを予定していたオランダ艦隊は、ここでも激しい反対運動に遭い、その入港を拒否されている。

こののち一九六二年一月には、オランダが西イリアン防衛にあたる兵員交代のためのKLM（オランダ王立航空会社）チャーター機の羽田着陸許可を日本に申請する。日本の拒否に対してオランダは、ＫＬＭ定期便にて輸送を強行した。同じころ、西イリアン南方のアル島沖で二隻のインドネシア海軍水雷艇がオランダ軍により撃沈され、アル島沖上陸作戦が失敗するなど、軍事的衝突は重大な局面を迎えていた。二月、日本政府はついに西イリアン向けのオランダ兵員輸送機の羽田着陸を拒否する。賠償の一環として日本に留学中のインドネシア人学生は激昂、在日オランダ大使館に抗議デモをかけ、暴行事件にまで発展している。

カレル・ドールマン寄港問題をめぐる、日本のこうした政策決定の背景には、ヨーロッパの小国オランダとの関係以上に、資源・人口大国インドネシアとの政治経済関係の維持に対する重要視があったことはいうまでもなかった。

落日のスカルノ

西イリアン闘争をめぐる国際環境の変化

東西冷戦下、一九六〇年一一月にはJ・F・ケネディが合衆国大統領に当選、アイゼンハワーとスカルノの間の、憎悪とまでいえる冷えきった関係は改善されることになる。その背景には、ケネディ政権成立による米国務省内における欧州同盟関係を重視する「ヨーロッパスクール」の後退、スカルノとの緊密な関係を打ち立てたH・P・ジョーンズ駐インドネシア大使の影響が大きい。

アメリカの外交は欧州における小国オランダとの同盟関係よりも東南アジアにおける地域安定化を優先、それまでの頑《かたく》なまでのスカルノ政権打倒政策は、スカルノとの宥和へと転換されたのである。ケネディの特使として実弟ロバート・ケネディ司法長官が一九六二年二月よりジャカルタと東京を頻繁に行き来し、スカルノ＝ケネディ両国トップレベルでの合意に向けた交渉がすすめられた。これによりオランダ外相ルンスが国連に提示したオランダの後見による「信託統治」下、西イリアン住民の自由意志の確認を行うというわゆるルンスプランはアメリカの支持を失い、西イリアンのインドネシアへの引渡しというアメリカのバンカー特使とインドネシアのアダム・マリク特使との間での両国協議により、バンカー提案として国連の場で西イリアン問題が解決されることになる。

一方、インドネシアの帰趨をめぐり積極的な軍事支援をするソ連とスカルノ左傾化を避けようとするアメリカの間の対立は、東西の直接的軍事衝突一歩手前までいっていたことが、ロシアの公文書公開により近年明らかになりつつある。スラウェシの軍港にはソ連潜水艦が係留、付近を遊弋《ゆうよく》するオランダ艦船をその射程下に捉え、いつでも撃沈できる態勢が整えられていたといわれている（*Volks krant* 一九九九年二月一〇日付）。

スカルノ・賠償・日本女性

サンフランシスコ講和以来、遅々として進まなかった両国間の平和条約・賠償協定をめぐる交渉も一九五八年一月二〇日にようやく調印をみ、三月から四月にかけてインドネシア、そして日本の国会で懸案の賠償協定が相次いで批准される。ひきつづき対日講和条約も批准・発効し、両国の総領事館は大使館へと格上げされた。しかしながら前述したように、賠償の交渉と実施にあたり、日本＝インドネシア間の賠償利権をめぐる日本企業、ロビイストの「暗躍」「汚職」の噂はとどまるところを知らなかった。両国外務省の頭越しにスカルノ＝岸の極秘のトップ会談で賠償額が決定され、スカルノと岸の間には個人的にも親密な関係が打ち立てられたといわれている。また、これも先に触れたように、賠償にからみ、スカルノを取り巻くさまざまな日本側関係者の思惑をはらんで、何人もの日本女性が「友人」を介してスカルノと「出会い」、インドネシアへ渡った。

このように数多くの日本女性が日本＝インドネシア関係の知られざる歴史のなかにひっそりと現われ、消えていったといわれるなかで、ひときわ異彩を放つのはスカルノ第三夫人、ラトゥナ・デヴィ・スカルノ（本名根本七保子）である。その数奇な半生は彼女自身の『デヴィ・スカルノ自伝』や深田祐介の『神鷲商人』をはじめ、さまざまなフィクション、ノンフィクションを通じて語られるところとなっている。貧しい赤坂のクラブ歌手からスカルノと恋に落ち、母と弟をなくして天涯孤独となりながらも、自らの美貌と才覚ひとつで大統領夫人としての地位を確立、インドネシアの激動の時代を生き抜いたデヴィの半生は、二〇世紀の数少ない「シンデレラストーリー」である。そしてまたデヴィ自身、インドネシア政治の大きな転換点となった九月三〇日事件にいたる時期にスカルノの最も側にいた人物として、インドネシア政治史の重要な「鍵」ともいわれている。

デヴィとスカルノの最初の出会いは、一九五九年四月の訪日の際、赤坂のクラブでの東日貿易によるスカルノ接待の一夜であったといわれる。東日貿易は木下商店とならんで賠償実施に大きく関わり、急成長した商社として知られている。同年九月、単身インドネシアに渡った根本七保子は、やがて英・仏・インドネシア語をあやつる美貌の第三夫人としてジャカルタの社交界に躍り出ることになる。ジャカルタの複雑な宮廷政治を生き抜くには、ハルティニ同様、政治の世界とのつながりを必然としたようである。

スカルノとデヴィの結婚もまた、政治的なものであったとする説が一部で根強い。一九六〇年代前半のジャカルタ政界においてはハルティニが東側勢力と、デヴィが日本をはじめとする西側との非公式のパイプとしてスカルノとの間を取り次いだともいわれる（W. Oltmans, *Mijn Vriend Soekarno*）。公に表れたデヴィ夫人の対日本関係における役割をみても、一九六五年六月、インドネシア＝日本友好協会会長に就任、スカルノ自身対日関係は非公式にデヴィ夫人を通すよう日本側に求めていたといわれる。またデヴィ夫人と北海道炭礦汽船社長の萩原吉太郎や川島正次郎自民党幹事長、池田勇人《はやと》首相夫人らとの親交、西側各国大使夫妻との華やかな社交活動はとみに知られているところである。九月三〇日事件前夜にはいわゆるデヴィ情報がジャカルタを飛び交い、「デヴィ・ルートは、緊急時にスカルノと確実に、しかも短時間のうちに連絡のつく最も有力な、あるいは唯一の方法であった」という（田口三夫『アジアを変えたクーデター　インドネシア九・三〇事件と日本大使』）。

ウィークデーは大統領宮殿で政務をとりながら月曜日から木曜日までの夜をデヴィのいるヤソオ宮殿（現軍事博物館）で過ごし、金曜から週末をハルティニ夫人のいるボゴール宮殿で過ごす中で、スカルノは二人の夫人の間を行き交い、激しい政治闘争に明け暮れた。ハルティニ、デヴィはジャカルタ社交界の華であるとともに、ボゴール宮殿、ヤソオ宮殿にはそれぞれの女主人を訪ねるさまざまな来客がひきもきらなかったという。毎夜その寝室で何が語られたのかは知るよしもないが、一九六〇年代のスカルノにとって、このふたりの女性が大きな意味を持ち、その政治決定になんらかの影響を与えたであろうことは想像に難くない。

と同時に、われわれは日本・インドネシア関係史におけるデヴィ夫人をみつめるインドネシア知識人の次のようなきびしい目があることも、決して忘れるべきではないだろう。

日系企業、華僑実業家やインドネシアの役人たちは、彼女（デヴィ夫人）の引き立てを得んばかりに互いに競い合った。そして、最終的には、彼らの利益を計るべく、スカルノ個人の支持をも獲得しようと競い合ったのだ。誰がネモトをスカルノに紹介したのか、どんな目的で、成果はなんだったか。そして日本・インドネシア相互交流、取り引きにおいての彼女の役割はなんだったのかを知ることは興味あることであろう。

（隅谷三喜男ほか編『アジアの開発と民衆』）

スカルノの反帝外交と日本

西イリアンをめぐる協議は、バンカー＝マリク会談を経て舞台は再び国連の場に戻り、一九六三年五月一日、西イリアンの施政権はついにインドネシアに「返還」されることになる。かつて多くの民族主義運動家が流刑され、志半ばに倒れた積年の恨みの地、オランダ植民地主義の残滓はここに一掃され、スカルノの民族革命はひとつの節目を迎えた。同月、暫定国民協議会はスカルノを終身大統領とする決議を行う。スカルノと個人的な友情を打ち建て、よき理解者でありときには助言者でもあったジョーンズ・アメリカ大使は、志を遂げ、歓喜の絶頂にあってしかるべきスカルノの意外なほどの寂しげな姿に、胸打たれたことを回想している（Howard P.

Jones, *Indonesia : The Possible Dream*)。ジョーンズを介してよき理解者となっていたケネディもはやこの世になく、ジョンソン政権のもとでジョーンズ大使自身もその親スカルノ的姿勢を本国国務省に批判されるようになっていた。

こうしたなか、西イリアン解放闘争を通じて共産党の党勢は二〇〇万を超えるまでに拡大し、共産党への「平和的政権移行」の可能性が内外で取りざたされるようになってきた。しかしながら国内の七割を占める土地を持たない農民は貧困にあえぎ、農業農民問題は未解決のまま残されていた。その指導にあたる共産党は、党勢拡大と軍との対抗のためにも運動をさらに先鋭化せざるをえなかった。共産党の指導のもと、国有化された農園に土地を求め、不法占拠する農民と、管理経営者として官僚資本家の立場に立つことになった軍との間の衝突は、西イリアン解放闘争のさなかの一九六一年一一月にすでに現実のものとなっていた。東ジャワのジュンコル村の国営農園を不法占拠した農民デモ隊に対する軍・警察による武力弾圧事件は、共産党と軍との衝突への流れがすでに不可避であったことを示すメルクマールとして知られている（増田与『インドネシア現代史』）。

終身大統領となったスカルノは、走りつづけなければならなかった。スカルノはその『自伝』でこう語っている。

引退？　できないね。私は晩年を、平和と暗殺の恐怖から解放された中で暮らすことなんかできない。駄目だ。どれだけ寿命があるかしれないが、最後まで我が国のために働かなければならないんだ。……それに私はどこへ行くんだ？　私は自分の家もなければ、土地も貯金もない。……私がたったひとりの、自分の家を持たない大統領なんだよ。

走りつづけるスカルノには、国内に高まる民衆の不満のエネルギーをまとめあげるため、「西イリアン解放」に代わる新たなスローガンが必要であった。一九六三年九月、マラヤ連邦、シンガポール、サバ、サラワク州を合わせたマレーシア連邦が結成されると、スカルノはこれをイギリスの新植民地主義の傀儡《かいらい》だとして、その粉砕を呼びかけるのである。スカルノは西イリアン闘争では軍事的緊張を最大限にまで高め、ソ連寄りの姿勢を示すことでアメリカの支持をとりつけ、大きな外交的成果を収めることができた。今度はソ連に代わり、革命外交をすすめる中国がスカルノに接近してきた。だがケネディはもはやこの世になく、アメリカの仲介はもはや望めないものとなっていた。マレーシア粉砕を掲げたスカルノの反帝・反植民地主義闘争は、出口の見えないまま反英米闘争へと発展する。

一九六五年一月インドネシアが国連を脱退すると、日本は西側諸国で唯一友好関係を維持する国となり、西側とのパイプは日本のみとなる。六五年三月、日本政府は二億ドルの借款供与を決定するとともに、四月一三〜二〇日に開催されたアジア・アフリカ会議一〇周年会議、さらには八月一七日の独立記念式典に、西側唯一の代表団を川島正次郎自民党副総裁を団長として派遣している。川島は岸政権時代の党幹事長であり、池田、佐藤政権期を通じ、岸の築いたスカルノとの個人的パイプを継承していたといわれている。川島はジャカルタ訪問のたびに対米対決政策の転換をスカルノに説得したといわれるが、もはやこの流れを止めることはできなかった。

九月三〇日事件とスカルノ時代の終焉

一方、共産党の指導のもと、農村部における農民闘争はさらに先鋭化し、都市部では反米闘争が吹き荒れていた。国内における共産党の平和的政権移行の条件はすでに失われ、一九六五年六月、共産党系労組SOBSIが労働者農民の武装化による第五軍（陸海空警察に次ぐ）の創設を要求した時点で、軍との武力衝突は決定的なものとなった。いわゆる九月三〇日事件は、スカルノの健康悪化をきっかけに焦った共産党系勢力が政権奪取を狙ったクーデターをおこし反共の将軍を殺害、それに対する国軍側の反撃と共産党勢力の大粛清を招いた事件であるといわれている。しかしながら一九九八年五月のスハルト大統領失脚後、クーデター鎮圧にあたったスハルト将軍自身が事件に関与していたとする証言が出るなど、ありとあらゆる証言・憶測が飛び交い、事件の真相はいまだ深い闇のなかにあるのが実情である。

いずれにせよ、自身の事件への関与の嫌疑のなか事件後も共産党を擁護したスカルノは、軍、イスラム系勢力との対立を一段と深めた。ジャカルタの大統領宮殿には、連日共産党打倒を叫ぶデモが押しかけた。スカルノの変わらぬ共産党擁護の姿勢に、日に日に打倒スカルノの空気が高まりつつも右派に対するスカルノ支持派の抵抗も強く、軍部も左右両派に分かれた。こうして国内はスカルノ派、反スカルノ派両勢力による国内分裂、内戦の危機に直面した。

こうしたなか、失敗した「クーデター」における六将軍殺害の惨状が明らかにされ、陸軍による反共キャンペーンは勢いを増した。スカルノ周辺の共産党系閣僚、高級官僚、また資本家などの逮捕・追放がすすめられ、共産党勢力の強い中・東部ジャワをはじめ全国各地では、陸軍とともに反共＝聖戦を唱える過激なイスラム勢力により、共産党系とみなされた無数の人々が弾圧・虐殺されていった。その殺害された数は資料によって七万八〇〇〇から三〇〇〇万と大きな開きがあり、スハルト失脚後も今日にいたるまでその実態は未解明のままである。

一九六六年三月一一日、国内の混迷をまえにしてスカルノはついに「治安を維持し、空気を鎮め、革命を継続するために必要な、あらゆる措置をとることをスハルト陸相に命ずる」との三月一一日命令書に署名する（一説には、スカルノに拳銃をつきつけて署名を強要したともいわれるが、これもまた依然真相は闇のなかにある）。側近を失い、共産党という手足をもがれて「裸の王」となったスカルノではあったが、憲法上は依然強大な権限を有する大統領であり、偉大な「建国の父」であることに変わりはなかった。スハルト将軍は依然、「スカルノ擁護」を自らの正当性の根拠としなければならなかったのである。そこでスハルトはスカルノを徐々に追いつめ、権威を失墜させる作戦に出たといわれる。

陸軍による有形無形の支援のもと、反スカルノデモはさらに激しさを加え、スカルノのいる大統領宮殿は「警備」の名のもとに外界との接触を一切遮断された。デヴィを揶揄した「日本人形よりも米を輸入しろ」とのプラカードが宮殿を包囲したのもこのころであった。親しい側近もすべて遠ざけられたスカルノは、スハルト派の監視役の冷たい目にさらされ、事実上の軟禁状態におかれた。こうしたなか、反共産党キャンペーンは、いつのまにか露骨なスカルノ糾弾へとすり替わり、共産党掃討を名目とした徹底的な血の粛清が続けられた。「スカルノ擁護は親共産党」という息苦しい雰囲気が国内に充満、政権を取って代わったスハルトとその側近に対する政策批判、汚職などの批判は封殺された。

精神的に追いつめられたスカルノは、一九六七年二月、ついに「国政執行権限をスハルトに移譲する」旨発表するも、スハルトはこれを黙殺、三月、国権の最高機関である暫定国民協議会はスハルトを大統領代行に任命した。四月、スカルノはジャカルタの大統領宮殿を追われ、その半年後にはボゴール宮殿（大統領別邸）からも追放される。

その五月には、スハルトはスカルノ追い落としの総仕上げともいえる措置に出る。国家元首・大統領・国軍最高司令官の称号を剝奪、公式行事での大統領旗の使用を禁じたのである。勲章・大統領服の着用を許されても、それはまさに裸の王にほかならなかった。ついに一九六八年三月、スハルトは正式に共和国第二代大統領に就任する。スカルノの失意とやりどころのない怒りは、持病の腎臓病に加えさまざまな合併症を悪化させ、彼の体を確実にむしばんでいった。

ボゴール宮殿を追い出されたスカルノは近くの支持者により提供された邸にうつり、その後病状の悪化とともにジャカルタのデヴィ夫人邸（ヤソオ宮殿）に移された。スハルト政府はスカルノの権威失墜をさらに徹底させるため、やせ衰えた失意の病軀を衆人の目にことさらにさらさせたともいわれる。軟禁状態の中でその権威を貶められ、すべてを剝奪されたスカルノは、一九七〇年六月二一日、その最後を迎えることになる。「国家のためなら悪魔にも魂を売ることを辞さない」革命家、建国の英雄スカルノの激しい生涯であった。英雄の復活をあくまで警戒したスハルトは、「私の最後のねぐらは、私が最初農夫マルハエンに会った、あの涼しい、山の多い、豊かなバンドゥンのプリアンガン地方でありたい」（『自伝』）、あるいはハルティニと過ごした避暑地ボゴールに（ハルティニ宛遺書）とのスカルノの遺言を黙殺した。スカルノはバンドゥンからはるか離れた東ジャワのブリタルの母の墓のかたわらに埋葬され、質素な墓標がたてられた。墓地は軍の監視下におかれ、一般国民の自由な墓参が禁じられたのである。

新たなスカルノブーム

やがて一九七八年、スカルノ八周忌の近づくスハルト治下のインドネシアは、ときならぬスカルノブームに沸いていた。前年来ジャカルタでの与党ゴルカルの苦戦、政府批判に燃える学生運動の激しい盛り上がりなど、軌道に乗ったかにみえた開発独裁も、ひとつの節目を迎えていた。ジャワのムスリムにとって八周忌は特別の意味を持っているが、スカルノの場合はこれまた特別であった。街ではそれまでタブーとされてきたスカルノの肖像ポスターや著作、Tシャツが出回り、飛ぶように売れた。消滅したかに見えた民衆のスカルノ思慕の念は再び蘇る。スハルト体制もこれを無視しえず、その宥和・政治利用を必要としたのである。ブリタルの墓地を新たにスカルノ廟として改築、その墓参も事実上解禁される。だがこれも、バンドゥンへの墓地移転は許さず、総工費一〇〇〇万ドルとも一〇〇〇万ドルともいわれる壮大きわまるスハルト廟建立計画と好対照をなすものであった。さらに一九八〇年代半ばになると、スハルトはスカルノ、ハッタを「独立宣言者」として命名、かつて独立宣言が行われたメンテン地区東プガンサアン通りに独立宣言記念碑を建立する。自らを「命名者」としてスカルノ、ハッタの上位においたスハルトの自信のあらわれでもあった。

だがその抑圧の間隙から、静かに湧きあがってきた「建国の父」スカルノへの追慕は、執拗な弾圧を乗り越え、ことあるごとに反スハルト闘争・民主化要求運動のシンボルとして民衆の間に蘇る。盤石かと思われたスハルト体制も、一九九七年の経済危機を受けて激しい反政府デモが吹き荒れるなか、翌年五月のスハルト大統領退陣によって崩壊する。そしてついに二〇〇〇年一〇月、スカルノの長女メガワティ・スカルノプトゥリをして共和国副大統領の座に就任せしめるにいたるのである。

あとがき

第二次世界大戦後の第三世界の指導者のなかで、スカルノほど有形無形また正負を問わず、日本との関わりが深かった人物はいないだろう。そのスカルノについて、一般読書人を対象とする「歴史文化ライブラリー」の一冊として一書をまとめるよう吉川弘文館編集部のお誘いを受けたのは、一九九七年春のことであった。

非力を顧みずお引き受けしたものの、スカルノという人間的魅力のあふれるカリスマ的指導者の大きさに圧倒され、遅々として筆が進まぬうちに歳月だけが流れていった。それにもかかわらず、約束の期日から大幅に遅れながらも何とか上梓にこぎつけたのは、オランダ留学中の新進学徒山﨑功氏の献身的な協力のおかげである。本書は、スカルノ誕生から日本軍政の終結まで（一～一二二頁）を後藤が、そして独立闘争期以降晩年まで（一二三～二〇九頁）を山﨑が分担執筆し、後藤が最終的なとりまとめ作業を行った。

冒頭の「現代史のなかのスカルノ」でも触れたように、スカルノ生誕一〇〇周年を迎えるなかで、そしてその衣鉢を継いだ長女メガワティ・スカルノプトゥリが副大統領に就くなかで、独立後半世紀余を経た国民国家インドネシアは、「建国」以来最大の統合危機に直面している。「インドネシア」という言葉に託しその地に生きるすべての人々の「統一と団結」を訴えつづけた「建国の父」スカルノは、東ジャワ・ブリタルの緑濃い墓標の陰から、今日の祖国の「惨状」をいかなる想いでみつめているのであろうか……。

「歴史文化ライブラリー」のなかで東南アジアを対象とする最初の一冊となるこの小著が、日本とも深い因縁で結ばれたスカルノの生涯を、そして危機と変革のさなかにある今日のインドネシア成立の来歴の一端を理解する上で、少しでもお役に立てば著者二人にとって望外の幸せである。

二〇〇一年二月七日

後藤乾一

主要参考文献

1　日本語研究書・一般書

秋尾沙戸子『運命の長女―スカルノの娘メガワティの半生―』新潮社、二〇〇〇年
大森実『スカルノ最後の真相』新潮社、一九六七年
岸幸一編『スカルノ体制の基本構造』アジア経済研究所、一九六七年
倉沢愛子『日本占領下のジャワ農村の変容』草思社、一九九二年
後藤乾一『昭和期日本とインドネシア』勁草書房、一九八六年
同　『近代日本とインドネシア』北樹出版、一九八九年
首藤もと子「インドネシア　ナショナリズム変容の政治過程」勁草書房、一九九三年
白石隆『スカルノとスハルト―偉大なるインドネシアをめざして―』岩波書店、一九九七年
田口三夫『アジアを変えたクーデター　インドネシア九・三〇事件と日本大使』時事通信社、一九八四年
谷口五郎『スカルノ嵐の中を行く』朝日新聞社、一九六六年
土屋健治『インドネシア　思想の系譜』勁草書房、一九九四年
デヴィ・スカルノ『デヴィ・スカルノ自伝』文藝春秋、一九七八年
枥窪宏男『日系インドネシア人―元日本兵ハッサン・タナカの独立戦争―』サイマル出版、一九七九年

永井重信『インドネシア現代政治史』勁草書房、一九八六年
永積昭『インドネシア民族意識の形成』東京大学出版会、一九八〇年
西嶋重忠『証言インドネシア独立革命―ある日本人革命家の半生―』新人物往来社、一九七五年
日本インドネシア協会編訳『スカルノ大統領演説集 インドネシア革命の歩み』日本インドネシア協会、一九六五年
増田与『インドネシア現代史』中央公論社、一九七一年
同編訳『スカルノ大統領の特使 鄒梓模回想録』中央公論社、一九八一年
同編訳『スカルノ大統領時代の終りに』（資料シリーズ3）早稲田大学社会科学研究所、一九九五年
宮元静雄『ジャワ終戦処理記』同書刊行会、一九七三年
早稲田大学社会科学研究所編『インドネシアにおける日本軍政の研究』紀伊國屋書店、一九五九年

2 スカルノおよび同世代民族主義者の自伝・回想録など（翻訳されたもの）

アダム・マリク（尾村敬二訳）『共和国に仕える―アダム・マリク回想録―』秀英書房、一九八一年
シンディ・アダムス（黒田春海訳）『スカルノ自伝―シンディ・アダムスに口述―』角川書店、一九六九年
イワ・クスマ・スマントリ（後藤乾一訳）『インドネシア民族主義の源流―イワ自伝―』早稲田大学出版部、一九七五年
スカルノ（岡倉古志郎訳）『わが革命の再発見』理論社、一九六二年

アフマッド・スバルジョ（奥源造編訳）『インドネシアの独立と革命』龍溪書舍、一九七三年
タン・マラカ（押川典昭訳）『牢獄から牢獄へ』（I・II）鹿砦社、一九七九・八一年
モハマッド・ハッタ（大谷正彦訳）『ハッタ回想録』めこん、一九九三年
ロシハン・アンワル編（後藤乾一・首藤もと子・小林寧子訳）『シャフリル追想―「悲劇」の初代首相を語る―』井村文化事業社刊（勁草書房発売）、一九九〇年

3　外国語文献（スカルノ関係）

Dahm, Bernhard. *Sukarno and the Struggle for Indonesian Independence*. Ithaca : Cornell University Press, 1969.

Giebels, Lambert. *Soekarno : Nederlandsch onderdaan, een Biografie 1901-50*. Amsterdam : Bert Bakker, 1999.

Legge, John D. *Sukarno : A Political Biography*. London : Allen Lane the Penguine Press, 1972.

Nishihara, Masashi. *The Japanese and Sukarno's Indonesia, Tokyo-Jakarta Relations 1951～1966*. Honolulu : The University Press of Hawaii, 1975.

Oltmans, Willem. *Mijn Vriend Soekarno*. Utrecht : Spectrum, 1995.

Paget, Roger. (ed.) *Indonesia Accuses! Sukarno's Defence Oration in the Political Trial of 1930*. K. L., London, NY : Oxford University Press, 1975.

Penders, C. L. M. *The Life and Times of Sukarno*. London : Oxford University Press, 1974.

Sudibyo, Agus. *Cita Bung Karno : Analisis Berita Pers Orde Baru*. Yogyakarta : Bigraf, 1999.

Sukarno. *Dibawah Bendera Revolusi, Vol. 1., Vol. 2*. Jakarta : Panitya Penerbit Dibawah Bendera Revolusi, 1959, 1965.

著者紹介

後藤乾一

一九四三年生れ、現在早稲田大学アジア太平洋研究センター教授

主要著書

昭和期日本とインドネシア　近代日本と東南アジア　〈東〉ティモール国際関係史

山﨑　功

一九六五年生れ、九四年早稲田大学大学院修士課程修了、同大学社会科学研究所（現アジア太平洋研究センター）助手、アムステルダム自由大学助手を経て、現在佐賀大学文化教育学部専任講師

主要論文

インドネシア独立の一局面（『社会科学研究』一二一、一九九六年）

歴史文化ライブラリー
117

スカルノ
インドネシア「建国の父」と日本

二〇〇一年（平成十三）五月一日　第一刷発行

著　者　後《ご》藤《とう》乾《けん》一《いち》
　　　　山《やま》﨑《ざき》功《いさお》

発行者　林　英男

発行所　株式 会社 吉川弘文館
東京都文京区本郷七丁目二番八号
郵便番号一一三―〇〇三三
電話〇三―三八一三―九一五一〈代表〉
振替口座〇〇一〇〇―五―二四四

印刷＝平文社　製本＝ナショナル製本
装幀＝山崎　登

歴史文化ライブラリー

1996.10

刊行のことば

現今の日本および国際社会は、さまざまな面で大変動の時代を迎えておりますが、近づきつつある二十一世紀は人類史の到達点として、物質的な繁栄のみならず文化や自然・社会環境を謳歌できる平和な社会でなければなりません。しかしながら高度成長・技術革新にともなう急激な変貌は「自己本位な刹那主義」の風潮を生みだし、先人が築いてきた歴史や文化に学ぶ余裕もなく、いまだ明るい人類の将来が展望できていないようにも見えます。このような状況を踏まえ、よりよい二十一世紀社会を築くために、人類誕生から現在に至る「人類の遺産・教訓」としてのあらゆる分野の歴史と文化を「歴史文化ライブラリー」として刊行することといたしました。

小社は、安政四年(一八五七)の創業以来、一貫して歴史学を中心とした専門出版社として書籍を刊行しつづけてまいりました。その経験を生かし、学問成果にもとづいた本叢書を刊行し社会的要請に応えて行きたいと考えております。

現代は、マスメディアが発達した高度情報化社会といわれますが、私どもはあくまでも活字を主体とした出版こそ、ものの本質を考える基礎と信じ、本叢書をとおして社会に訴えてまいりたいと思います。これから生まれでる一冊一冊が、それぞれの読者を知的冒険の旅へと誘い、希望に満ちた人類の未来を構築する糧となれば幸いです。

吉川弘文館

〈オンデマンド版〉
スカルノ
インドネシア「建国の父」と日本

歴史文化ライブラリー
117

2017年（平成29）10月1日　発行

著　者　後藤乾一《ごとうけんいち》・山崎《やまざき》　功《いさお》
発行者　吉　川　道　郎
発行所　株式会社　吉川弘文館
〒113-0033　東京都文京区本郷7丁目2番8号
TEL　03-3813-9151〈代表〉
URL　http://www.yoshikawa-k.co.jp/

印刷・製本　大日本印刷株式会社
装　幀　清水良洋・宮崎萌美

後藤乾一（1943～）
山崎　功（1965～）

ISBN978-4-642-75517-7